PRIMEROS PASOS

En el Desarrollo de un Nuevo Creyente

DAVID GALVÁN

CÓMO USAR ESTE MANUAL

1. Esta serie es para nuevos creyentes.

2. Los temas son aquellos escenciales a la vida del nuevo creyente.

3. Un creyente maduro en la fe deberá enseñar esta serie:

   a) Al escuchar esta serie en audio DVD

   b) Al estudiar con un discipulador

4. Una hoja de cumplimiento y de responsabilidad ha sido provista antes del índice para poder asistirle. Se le recomienda que pregunte a algun otro creyente si uno puede tener responsabilidad de cumplimiento hacia esa persona, o podrá ser esta persona su discipulador.

5. Esta serie tomará alrededor de seis meses. Incluye temas seleccionados que son considerados escenciales a la vida de un nuevo creyente.

   a) Es material de fundamento en la vida de un nuevo creyente.

   b) Es importante para creyentes de mayor edad que no hayan recibido discipulado de algun tipo.

   c) Es recomendado para creyentes maduros, por la necesidad de enseñar a nuevos creyentes y la necesidad de familiarizarse con el diseño y la motivación del manual.

6. Cuatro cosas serán requeridas de cada particpante:

   a. Revisar el bosquejo con Biblia en mano ... estúdielo.

   b. Contestar las preguntas de cada lección.

   c. Memorice el versículo de la Escritura

   d. Empieze a leer la Biblia... empezando en el libro de Juán, un capítulo diario.

7. En cuanto al último requisito... esta es la parte más importante del discipulado. El nuevo discipulo deberá empezar la costumbre y establecer la convicción de pasar tiempo con Dios diariamente, en oración y en su palabra. Si al terminar el manual, el discipulo no ha empezado a pasar un tiempo con Dios diariamente en la Palabra y oración, el manual completo habrá sido una pérdida de tiempo.

8. No se pierda de ninguna lección. Al ausentarse, trate de ponerse al corriente de alguna manera. Siempre habrán distracciones e interrupciones, mantenga la convicción y la importancia de este estudio fundamental.

9. El objetivo será el de desarrollar a nuevos creyentes. Para muchos, este estudio será repetitivo y elemental, pero para otros será una fuente de agua viva y fresca. La convicción más grande es que la Palabra de Dios se vuelva nuestra y que estemos dispuestos a compartirla con otros.

10. Ahora, repase el Índice, considere el andar espiritual que le espera y ore una oración con toda sinceridad, "Señor Jesús, yo quiero conocerte."

EL MANUAL DE DISCIPULADO PRIMEROS PASOS
HOJA DE CUMPLIMIENTO Y DE RESPONSABILIDAD

Nombre del Discípulo _____

Dirección _____

Fecha	Fecha	Compañero Responsable o Discipulador
_____ Introducción	_____	_____

SERIE I   ¿QUÉ SIGNIFICA SER CRISTIANO?

_____ Lección 1	_____ Apéndice I	1. _____
_____ Lección 2		2. _____
_____ Lección 3		3. _____
_____ Lección 4		4. _____
_____ Lección 5	_____ Apéndice II	5. _____
_____ Lección 6	_____ Apéndice III	6. _____
_____ Lección 7	_____ Apéndice IV	7. _____
_____ Lección 8		8. _____
_____ Lección 9		9. _____
_____ Lección 10		10. _____
_____ Lección 11	_____ Apéndice V	11. _____

SERIE II   ¿QUÉ SIGNIFICA SER MIEMBRO DE LA IGLESIA?

_____ Lección 1		1. _____
_____ Lección 2		2. _____
_____ Lección 3		3. _____
_____ Lección 4		4. _____
_____ Lección 5		5. _____
_____ Lección 6		6. _____
_____ Lección 7		7. _____

SERIE III   ¿QUÉ ES LO QUE CREEMOS?

_____ Lección 1		1. _____
_____ Lección 2		2. _____
_____ Lección 3		3. _____
_____ Lección 4		4. _____
_____ Lección 5		5. _____
_____ Lección 6		6. _____
_____ Lección 7	_____ Apéndice VI	7. _____

ÍNDICE

INTRODUCCIÓN: EL POR QUÉ DEL DISCIPULADO

I. Tenemos un mandato de nuestro Señor Jesucristo Mt. 28:19-20

-Esta es la Gran Comisión
-Constituye una de las últimas cosas que Jesús pidió a sus discípulos.

A. Lo asumido y el recordatorio vv.19-20
-escrito en participios

1. Id o yendo…id a donde está el perdido, predicando, testificando y compartiendo.
    -Jesús ya había mandado que los discípulos fueran, "id" (Mr. 16:15)
2. Bautizando…inmersión en agua, una confesión pública de fe en Cristo e identificación en la muerte y resurrección de Cristo (Ro. 6:3-5)
3. Enseñando…recordando, explicando, instruyendo y causando que aprendan la palabra de Dios

B. El mandato v.19

1. Haced discípulos – (Gr. mathayteo) un verbo imperativo…un mandamiento
2. Llegamos a ser obreros juntamente (1 Cor. 3:9) con el Espíritu Santo en moldear vidas.
3. Dios salva (Jn. 1:13)….nosostros participamos en moldear
4. La imperativa es hacer aprendices, imitadores y discípulos de Cristo
5. El desafío es ayudar a nuevos creyentes a crecer en un conocimiento de Jesús y de la Palabra de Dios
    - Para moverles de un estado inicial del nuevo nacimiento en leche a un estado maduro espiritual y a comida sólida.

C. La cobertura v.19

1. Todas las naciones (Gr. ethnos) de toda etnicidad, personas no Judías, paganos
2. Un Señor Jesús imparcial nos envía a multiplicarnos en las vidas de otros que quizás sean muy diferentes a nosotros, en idioma, en cultura, en educación y en raza

II. Jesús nuestro Señor llegó a ser el módelo y el maestro de ello

A. Escogió a los doce Lc. 6:13

(1) Pedro, (2) Andrés, (3) Jacobo hijo de Zebedeo, (4) Juan, (5) Felipe, (6) Bartolomé, (7) Tomás, (8) Mateo, (9) Jacobo hijo de Alfeo, (10)Tadeo, (11) Simón el Cananista, (12) Judas Iscariote   Mt.10:2
-indoctos, pescadores, cobrador de impuestos, impetuosos, un Cananeo, un traidor.
-Apeló. Poniendo el principio por obra

B. El círculo interior

1. Pedro, Jacobo y Juan…en la sanidad de la hija de Jairo   Mr. 5:37
2. En el Monte de la Transfiguración   Mt.17:1
3. Hubo verdades y experiencias que sólo éstos recibieron y no pudieron compartirlas hasta después de la resurrección.
4. Hubo lo peculiar en este discipulado
5. Apl. poniéndo el principio por obra

C. Los métodos usados Mt. 5:2

1. Les pidió que le siguieran, les enseñó, les llevó a varias experiencias de ministerio, ejemplo: sanidades, liberaciones demoniacas, milagros, comió con ellos, durmió con ellos y caminó con ellos.

D. El ministerio a la multitud Mt. 13:1-3
   1. Habló a las multitudes por parábolas…verdad oculta

III. Llegó a ser el módelo apostólico 2 Tim. 2:2

A. El desafio de Pablo
   1. Pablo, el discipulador y el ejemplo
   2. Timoteo, el hijo espiritual
   3. Hombres fieles…instrumentos comprobados, fieles, confiables
      -creyentes fieles: hombres, mujeres, jóvenes y ancianos
   4. Otros…con el mismo potencial
   5. Apl. El negocio ha aplicado este principio. La religión ha aplicado este principio.

B. Los discípulos de Pablo
   1. Timoteo, Lucas, Onésimo, Epafrodito, Tíquico, Aristarco, Juan Marco, Trófimo, Tito, Filemón, Demas, Lucio, Jasón, Sosípater, Tercio, etc.

IV. El desafío

-Imitar a Jesús lo más posible. Obviamente, un ambiente de clase o un ambiente de santuario no satisface, pero hay cosas que pueden complementar, por ejemplo: Grupos de Crecimiento, Grupos de Discipulado, uno con tres, uno a uno

A. Requiere obediencia al Señor Jesús
   1. Estás en una postura de dar/enseñar.
   2. Estás en una postura de recibir/apropiar
   3. Estás en ambas posturas, recibiéndo y dando.
B. Requiere un compromiso.
C. Requiere fidelidad
D. Requiere tiempo
E. Requiere el establecer prioridades

I. ¿QUÉ SIGNIFICA SER CRISTIANO?

OS ES NECESARIO NACER OTRA VEZ

A. Las enseñanzas del nuevo nacimiento Jn. 3:1-17

    1. El nuevo nacimiento es una verdad que no puede negarse v.3

       -"De cierto, de cierto" se enfoca en la veracidad de Dios. Dios no puede mentir.

       - Este es Dios, en Cristo, diciéndole al hombre lo que el hombre de ninguna manera pudiera saber.

    2. El nuevo nacimiento no hace acepción de personas v.3

       -Nicodemo era un hombre muy religioso, un fariseo, conocía la ley

       -Estamos tratando con un Dios que no es parcial que conoce lo perdido del hombre

    3. El nuevo nacimiento no es opcional v.3

       -Si el hombre muere en este estado perdido nunca verá el reino de Dios.

       -Quiere decir que el hombre pasará la eternidad en el infierno (Mt. 25:46)

    4. El nuevo nacimiento es resultado del lavamiento de la Palabra…

      …y la obra del Espíritu v.5

       a. El hombre oye y cree la palabra de Dios, específicamente el evangelio.

          -Que Jesús murió en la cruz por nuestros pecados de acuerdo a las Escrituras.

          -Que Jesús resucitó al tercer día de acuerdo a las Escrituras.

          -El hombre entiende la maravillosa gracia de Dios.

          -La palabra de Dios que llega al hombre perdido trae convicción, (es más cortante que una espada de dos filos), Heb. 4:12

          -Hay el lavamiento en agua por medio de la Palabra (Ef. 5:26).

          -El hombre entiende su condición perdida.

          -Se torna a Dios en arrepentimiento…cambia su mente.

       b. El Espíritu Santo quien ha estado buscando al hombre, trae convicción, abre los ojos y le da vida a su espíritu…por lo tanto, "agua y Espíritu"

          -Si estos dos no se involucran no hay salvación, por lo tanto no hay cielo.

    5. El nuevo nacimiento es un imperativo v.7

       -No hay opción. No hay otro camino…la salvación tiene que venir de Dios.

    6. El nuevo nacimiento demanda fe vv.14-17

       -Fe como la de Israel ante la serpiente de bronce en un asta (Núm. 21:5-9).

       -Fe que cree en la palabra de Dios.

       -Fe en la obra cumplida de Cristo en la cruz… "levantado"

       -Fe en la promesa (Jn. 3:16)… "no perezca, mas tenga vida eterna"

B. El nuevo nacimiento falsificado Hechos 8:9-23

    -¿Podrá un hombre pretender ser salvo? ¿Podrá convencerse de que es salvo?

    Sí, por auto engaño, por enseñanza falsa, por hipocresía deliberada.

    1. Las señales de un Cristiano v.11

       -Simón el mago claramente hizo las tres

          a. Creyó

          b. Se bautizó

          c. Continuó…una señal de discipulado

    2. Las señales de falsificación v.19-23

          a. Quizo comprar el poder del Espíritu Santo   v.19

          b. Las palabras condenadoras de Pedro   vv.20-23

OS ES NECESARIO NACER OTRA VEZ

Pregunta y Respuesta

Meditando en la Palabra de Dios:

Memorice: Juan 3:3

(Empiece a leer el Evangelio de Juan, un capítulo por día)

❏ Cap.1   ❏ Cap.2   ❏ Cap.3   ❏ Cap.4   ❏ Cap.5   ❏ Cap.6   ❏ Cap.7

El evangelio de Juan es una historia narrativa de la vida de Jesús. El autor es el apóstol Juan, uno de los doce discípulos de Cristo. El capítulo 3 de Juan empieza hablándonos de un hombre llamado Nicodemo, un fariseo. Un fariseo era un hombre muy religioso y miembro de esta secta estricta. Los fariseos eran estudiantes de la ley de Moisés, quienes también establecieron las tradiciones religiosas de los judíos.

1. De acuerdo a Juan 3:2, Jesús era _____ _____ enviado por Dios, quien hacía _____. Esto fue lo que convenció a Nicodemo que Él fue enviado por Dios.

2. ¿Por qué vendría Nicodemo a Jesús de noche? _____

3. Juan 3:5 nos habla de la necesidad de agua, ¿Qué declara Efesios 5:26 que es el significado del lavamiento del agua? _____

4. En Juan 3:14 dice que el Hijo del Hombre necesita ser levantado. ¿Cuándo fue levantado el Hijo del Hombre? _____

5. ¿Qué clase de fe requirió Dios de Israel cuando les pidió que vieran el asta con la serpiente de bronce? (Nm. 21:5-9)._____

6. En Hechos 8:12 los que oyeron a Felipe, primero, _____ en la predicación y luego fueron bautizados.

7. En Hechos 8:13 Simón el mago aparentemente _____ y fue bautizado.

8. De acuerdo a Hechos 8:17-21, ¿Puede comprarse el Espíritu Santo? ❏ Sí ❏ No

9. ¿Qué expresiones usó Pedro que declaran que Simón no era salvo, Hechos 8:17-21

_____, _____

_____, _____

10. ¿Podrá una persona creer que es Cristiano y estar totalmente errado?

_____

11. De acuerdo a 2 Corintios 5:17 conocer a Cristo es ser una persona _____ La vida antigua ha sido perdonada y todo es hecho

_____

LA ORDENANZA DEL BAUTISMO NEOTESTAMENTARIO

A. El mandato del bautismo Mt. 28:19
1. El requisito
-La salvación…tiene que ser para una persona que se ha arrepentido (Hch. 2:38)

-Un bebé no puede ser bautizado si no ha entendido que ha pecado.

-Hay muchas personas que han sido bautizadas antes del arrepentimiento.

-Tienen que haber recibido al Señor Jesús como su Salvador (Jn. 1:11-12)

-Tienen que haber confesado con su boca al Señor Jesús (Ro. 10:9)

2. El método
-Inmersión en agua…la palabra (Gr. bautizo) significa inmersión, teñir

-La persona tiene que bajar dentro del agua, (Hch. 8:39) Felipe y el eunuco "…subieron del agua…"

-La enseñanza simbólica del Nuevo Testamento lo exige (Ro. 6:3-5)

3. La declaración
-"En el nombre del Padre, y del Hijo y del Espíritu Santo"

-El Dios Trino está involucrado en la salvación, por lo tanto en el bautismo.

-(Cuidado con el bautismo "en el nombre de Jesús" y sus implicaciones)

B. El significado del bautismo
1. El retrato del bautismo
-Unidad con la persona de Cristo Jesús

2. El bautismo es simbólico Ro. 6:3-5
-No es un sacramento, (un sacramento tiene valor de salvación…la Iglesia Neotestamentaria no tiene sacramentos). El bautismo es una ordenanza…no puede salvar. Una persona no puede ser salva por medio de obras (Ef. 2:8-9).

a. Es una confesión pública de fe en Cristo Jesús. Lo que sucede en el corazón se revela públicamente. Sucedió en lo interno, se revela en lo externo.

b. Es una identificación y participación en la muerte y resurrección de Cristo.

c. Es un acto simbólico que ilustra una verdad espiritual (Ro. 6:4)

C. La urgencia del bautismo Hch. 16:31-33
-Jesús lo mandó…requiere obediencia no dilatación (Mt. 28:19)

-La iglesia Neotestamentaria lo practicó (Hch. 2:41)3,000 en el día de Pentecostés

-El carcelero de Filipos se bautizó a media noche

D. La seriedad del bautismo Hch. 16:22-31
-El carcelero estaba bien informado que la mera fe que estaba confesando era la misma fe que trajo persecución a Pablo y a Silas. Estaba listo para lo mismo.

-El saludo para este soldado Romano ya no sería "César es Señor"

E. Los testimonios del bautismo
1. Al espíritu del nuevo creyente
-Habrá en el corazón del nuevo creyente el gozo de saber que ha obedecido el mandato del Señor Jesús…es un testimonio a sí mismo.

2. A la iglesia
-Llega a ser un testimonio público al cuerpo de creyentes…el Señor está añadiendo a la iglesia.

3. Al mundo
-Toda persona sin Cristo ve y escucha un testimonio irrefutable.

LA ORDENANZA DEL BAUTISMO NEOTESTAMENTARIO

Pregunta y Respuesta

Meditando en la Palabra de Dios:

Memorice: Hechos 16:31

El Evangelio de Juan

❏ Cap. 8 ❏ Cap. 9 ❏ Cap.10 ❏ Cap.11 ❏ Cap. 12 ❏ Cap.13 ❏ Cap. 14

1. Mateo 3:13-17, enseña que Juan el Bautista, _____ a Jesús en el Río Jordán. ¿Fué Jesús bautizado por la misma razón como la de los creyentes del Nuevo Testamento?

_____

2. Jesús fue bautizado para _____. (Mt. 3:15)

3. Si una persona tiene una experiencia espiritual y se bautiza, ¿Necesitará bautizarse si es que recibe al Señor Jesús como su Salvador?

❏ Sí ❏ No

Explique: _____

4. En sus propias palabras, ¿Quién debe de ser bautizado? _____

_____

5. ¿Qué viene antes del bautismo, de acuerdo a Hechos 2:38? _____

6. ¿A qué hora del día fue bautizado el carcelero de Filipos? _____

¿Cuál era la urgencia? _____

7. ¿Será el bautismo necesario para la salvación? (Ef. 2:8-9) ❏ Si ❏ No

8. El apóstol Pablo dijo, "Pues no me envió Cristo a bautizar, sino a predicar el evangelio…" (1 Cor. 1:17). Si así es el caso, ¿Por qué no hizo el bautismo la prioridad?

_____

9. Romanos 6:3-4 dice, "todos los que hemos sido _____en Cristo Jesús hemos sido bautizados en su muerte? Porque somos _____ juntamente con Él para muerte por el_____."

10. Si Jesús envió a sus discípulos a "hacer discípulos" y a bautizarlos, ¿Podremos ser seguidores obedientes de Jesús si escogemos no bautizarnos? ❏ Sí ❏ No

11. Históricamente, a los primeros Bautistas se les llamó Anabautista porque se bautizaban otra vez. No obstante, ¿Habrá tal cosa como ser bautizado otra vez? ¿O habrá sólo un bautismo y este después del arrepentimiento?

_____

LA CERTEZA Y LA SEGURIDAD DEL CREYENTE

A. La certeza de la salvación

-¿Cómo saber que soy salvo?

    1. El ministerio de Jesús lo afirma

-Él vino a buscar y a salvar lo que se había perdido	Lc. 19:10
-Su sacrificio en la cruz fue "una vez para siempre"	Heb. 10:10
-Salvación a todo el que invocare su nombre	Ro. 10:13
-El recibirlo le hace hijo de Dios	Jn. 1:12
-La mano de Cristo nos protege	Jn. 10:29

    2. Los Evangelios fueron escritos con ese propósito

-El creer en las señales o milagros es confesarle	Jn. 20:31

    3. El testimonio interno lo confirma

-El testimonio del Espíritu Santo testifica a nuestro espíritu	Ro. 8:15-17

    4. El fruto de una vida cambiada

-Obediencia	1 Jn. 2:3-4; Jn. 10:27
-El amor por los hermanos	1 Jn. 4:7
-Anhelando la palabra de Dios	Sal. 19:9-10
-Deseo por la adoración a Dios	Sal. 122:1

B. Los conceptos equivocados de la salvación

-¿Podrá un creyente caer de la gracia? ¿Podrá un creyente perder su salvación?

    1. Hay versículos que se han sacado de su contexto o se han interpretado equivocadamente?

        -"Como perro que vuelve a su vómito?" (Prov. 26:11; 2 Ped. 2:22)

        -"Y recayeron, sean otra vez renovados para arrepentimiento..." (Heb. 6:1-6)

        -"...ocupaos en vuestra salvación..." (Fil. 2:12)

    2. La salvación vista como obra de hombre

-La fe siempre debe de presidir las obras.	Ef. 2:8-9

    3. La salvación determinada por la experiencia humana

-Una persona núnca puede perder lo que núnca ha tenido.	1 Jn. 2:19

C. La seguridad de la salvación

    1. El involucramiento del Dios Trino en la salvación

-Dios el Padre	
-El recibir el regalo, (Su Hijo), es recibir la vida eterna	Jn. 3:16
-Dios el Hijo	
-El creer en el Hijo es tener vida eterna	Jn. 3:36
-Dios el Espíritu Santo	
-Sellado hasta el día de la redención	Ef. 1:13
-Estará con el creyente para siempre	Jn. 14:16

    2. Las promesas de la Biblia lo afirman

-Lo que Cristo empieza lo termina	Fil. 1:6
-El oír y creer es tener vida eterna	Jn. 5:24
-El tener al hijo es tener vida eterna	1 Jn. 5:12-13
-El creer en Él es estar en el Libro de Vida del Cordero	Ap. 20:15

LA CERTEZA Y LA SEGURIDAD DEL CREYENTE

Pregunta y Respuesta

Meditando en la Palabra de Dios:

Memorice 1 Jn. 5:12-13

El Evangelio de Juan

❏ Cap. 15 ❏ Cap.16 ❏ Cap. 17 ❏ Cap. 18 ❏ Cap. 19 ❏ Cap. 20 ❏ Cap.21

1. "El que _____ al Hijo, tiene_____; el que no tiene
al _____ ____ _____ no tiene la vida (1 Jn. 5:12).
-la palabra "tiene" significa recibir – (Jn. 1:12)
-la palabra "vida" significa vida eterna – (Jn. 3:36)

2. De acuerdo a Juan 20:31 la palabra de Dios nos da razón para creer en
Jesús y por creer tener _____ a través de su nombre.

3. En Juan 5:24 hay dos palabras que declaran lo que el hombre tiene que
hacer para obtener la vida eternal. Estas dos palabras son: _____,
_____

4. ¿Quién está sosteniendo a quién en la obra de la salvación? (Jn. 10:28)

5. ¿Por qué fallan los esfuerzos humanos en alcanzar a Dios? (Ef. 2:8-9)

6. ¿Qué ha hecho Jesús con nuestros pecados? (1 Ped. 2:24) _____
_____

7. ¿Quién promete vida eterna en Juan 3:16? _____

8. En Juan 5:24, ¿Cuáles son los resultados de oír y creer?
-En el presente, "Tiene_____
-En el futuro, "No_____
-En el pasado, "Mas ha pasado _____

9. ¿Comó me ayudará el Señor después de que haya creído en El?
(Heb. 9:24) _____

10. ¿Comó sabrá Dios que soy de Él después de que haya creído en Jesús?
(Ef. 1:13-14)

11. En sus propias palabras, ¿Comó sabe si usted tiene la vida eterna?
_____

LA TENTACIÓN, EL PECADO Y LA CONFESIÓN

A. La tentación
1. El tentador y su obra
   - -La obra destructora de Satanás   Jn. 10:10; 1 Ped. 5:8
   - -La obra de Satanás por permiso   Job 1:6-12
2. La tentación de Jesús
   - -Al momento de fatiga física   Mt. 4:1-11
   - -El acceso de la tentación   1 Jn. 2:16
     - -El pecado de los ojos   Gén. 3:1-6
     - -El pecado de la carne
     - -El pecado del orgullo de la vida
   - -El desafío de la tentación
     - -Jesús respondió con la palabra de Dios
   - -Los límites de la tentación
     - -La tentación es una prueba, pero no es pecado.
     - -El ceder a la tentación es pecado.

B. Los enemigos de la contención
1. La carne
   - -La guerra interior: la carne y el espíritu   Ro. 7:14-23
   - -La estimulación de un santo maduro   Ro. 7:24
2. La obra Satánica/demoníaca
   - -La realidad de las fuerzas demoníacas   Ef. 6:12
   - -El deseo del enemigo de ocupar terreno   Ef. 4:27

C. La realidad del pecado
   - -Una naturaleza pecaminosa desde el nacimiento   Ro. 5:12
   - -Las tendencias pecaminosas de los padres   Éx. 20:5
   - -El pecado que siempre se comete   1 Jn. 1:8

D. La confesión de pecado
1. El perdón está disponible 1 Jn. 1:9
   - -Es condicional…tenemos que estar de acuerdo.
   - -Está basado en Su fidelidad y Su justicia.
   - -Es inmediato.
   - -Es completo.
2. Una verdad espiritual que ha de recordarse:
   - "El Espíritu Santo me recordará de pecados que no he confesado."
   - "Satanás me recordará de pecados que ya he confesado."
3. La cobertura de la confesión
   - -Desde el momento que la persona cree en Jesús como su Salvador y Señor, todos los pecados son perdonados y olvidados. (Sal. 103:12)
   - -La confesión de pecados específicos se hace después de la salvación. El Espíritu Santo redarguye al creyente de pecados cometidos.

E. Viviendo la vida Cristiana
   - -Pase tiempo diariamente en la Palabra y en oración.   Ef. 6:11
   - -Confiese sus pecados diariamente.   1 Jn.1:9

LA TENTACIÓN, EL PECADO Y LA CONFESIÓN

Pregunta y Respuesta

Meditando en la Palabra de Dios:

Memorice 1 Jn. 1:9

El Evangelio de Mateo

❏ Cap.1   ❏ Cap.2   ❏ Cap.3   ❏ Cap.4   ❏ Cap.5   ❏ Cap.6   ❏ Cap.7

1. De acuerdo a 1 Jn. 2:16, ¿Qué son las tres tentaciones del hombre?

a. _____

b. _____

c. _____

2. Si confesar significa, "estar de acuerdo con Dios" ¿Qué está admitiendo el creyente de Dios concerniente al pecado cometido?_____

_____

3. En Génesis 3:5, Satanás tentó a Eva. ¿Cuál de estas tentaciones tenía que ver con el orgullo de la vida?

_____

4. ¿Cuándo llega a ser pecado la tentación ? (Stg. 1:13-15) _____

_____

5. En vista de Romanos 7:14-20, ¿Podrá aún considerarse al apóstol Pablo como un hombre de Dios?

_____

6. ¿Cómo puede un creyente resistir a Satanás? (Mt. 4:4) _____

7. Si un creyente cede lugar a Satanás, (Ef. 4:27) ¿Qué ha hecho? _____

_____

8. Permitirá Dios que un creyente sea tentado más allá de lo que pueda resistir? (1 Co. 10:13)

❏ Sí   ❏ No

9. Memorice esta verdad espiritual:

"El Espíritu Santo me recordará de pecados que no he confesado."

"Satanás me recordará de pecados que ya he confesado."

10. ¿Podrá Satanás tentarme sin que Dios lo sepa? (Job 1:6-12)

❏ Sí   ❏ No

11. ¿Tendré que confesar mis pecados todos los días por el resto de mi vida aquí en la tierra?

_____

12. Si yo peco ahora y le pido a Dios perdón, ¿Necesitaré pedirle a Dios perdón mañana…después de todo, el mismo pecado me sigue molestando? _____

17

LA ORACIÓN EN LA VIDA DEL CREYENTE – I

A. Modelos de oración
-Moisés – casi siempre intercedió por Israel   Ex. 17:8-13
-Ezequías – frente al enemigo, se tornaba a Dios   Is. 37:1,14
-Jesús – la oración era el patrón de su vida   Mr. 1:35
-Pablo – vivió una vida de oración sin cesar   1 Ts. 1:2-3
-Jorge Müeller – nunca aceptó un salario fijo…siempre declaró
   sólo a Dios sus necesidades, y cuidó de 10,000 huérfanos en el plazo de su vida.

B. ¿Qué es la oración?
-Es el privilegio de conversar con el creador del universo.
1. Es la forma de Dios para escuchar a sus hijos.   Gén. 3:8
2. Es la forma de los hijos para hablar con Dios.   Jer. 33:3

C. ¿Qué oraciones escucha Dios?
1. La oración de sus hijos   1 Ped. 3:12: Sal. 34:15
2. La oración del alma arrepentida   Lc. 15:18
3. La oración del alma sedienta   Hch. 10:4

D. La autoridad de la oración
-"En el nombre de Jesús"…es la única forma de orar   Jn. 15:16, 16:23
-En Su nombre hay contestación a la oración   Jn. 14:13

E. El modelo de oración Mt. 6:9-15
-No es el Padre Nuestro, sino la oración de los discípulos.
-Es una oración. Es un bosquejo, una manera o un patrón para orar.
1. La inclusividad, relación, enfoque y la esfera de nuestra oración v.9a
   -"Padre nuestro que estás en los cielos"
   -La oración se dirige a la primera persona de la Trinidad… a Dios el Padre
2. La adoración y santidad de nuestra oración v.9b
   -El reconocimiento de Aquel que es y será santificado y digno de alabanza
3. El deseo culminante de nuestra oración   v.10
   -"Hágase tu voluntad" lo final es que se haga su volundad en todo
4. La petición por las necesidades físicas v.11
   -"El pan nuestro de cada día" como Israel recibió maná diaramente en el desierto (Ex. 16)
5. La petición por las necesidades espirituales v.12
   -Sólo Dios puede perdonar, pero la condición es que perdonemos (vv.14-15)
6. La petición por liberación de la tentación y del pecado v.13a
   -Dios no es el autor del pecado, pero si permite la tentación (Stg. 1:13)
   -Dios núnca tienta al creyente más allá de lo que pueda resistir (1 Co. 10:13)
7. La exaltación de nuestra oración v.13b
   -El es digno de toda alabanza (Ap. 7:12)

E. La actitud de la oración
1. Gratitud   Fil. 4:6
   -Por lo que ha hecho y por lo que hará
2. Confianza   Heb. 4:14-16
   -Nuestro denuedo, claridez, franqueza y libertad de
    hablar…porque el creyente conoce al que se
    acerca.

*consulte apéndice I

LA ORACIÓN EN LA VIDA DEL CREYENTE – I

Pregunta y Respuesta

Meditando en la Palabra de Dios:

Memorice Jn. 15:7

Evangelio de Mateo

❑ Cap. 8   ❑ Cap. 9   ❑ Cap. 10   ❑ Cap.11   ❑ Cap.12   ❑ Cap.13   ❑ Cap.14

1. ¿Qué fue lo que hizo el rey Ezequías cuando se le contó del enemigo? (Is. 37:1,14)

_____

2. Cuando peleó Israel en contra de Amalec, (Ex. 17:8-16), ¿Dónde se estaba llevando acabo la verdadera pelea?

_____

3. Samuel dijo, "Así que, lejos sea de mí que _____yo contra Jehová cesando de

_____ por vosotros…" (1 Sam. 12:23)

4. En ocaciones Jesús pasaba las _____ enteras orando. (Lc. 6:12) ¿Cómo le llamamos a este tipo de oración hoy? _____

5. ¿Cómo se lleva a cabo la "oración sin cesar?" (1 Ts. 5:17)

_____

6. Jesús nos enseñó a orar y empezar nuestra oración dirigiéndola a Dios el

_____ . (Mt. 6:9)

7. ¿Qué observaciones haría usted al considerar la enseñanza de Jesús cuando nos enseñó a pedirle a Dios por nuestro pan diario antes de pedir perdón?

_____

8. Cuando usted hace la oración "Vénganos tu reino…" ¿Qué no está orando por la venida del Señor?

❑ Sí   ❑ No

9. ¿Deberíamos orar el "Padre Nuestro" o sólo usarlo como patrón de oración?

❑ Sí   ❑ No o

Explique_____

10. ¿Cómo conoce Jesús nuestras debilidades? (Heb.4:15)

_____

11. ¿Cuándo contesta Dios la oración de sus hijos? (Jer. 33:3) _____ _____

_____

12. ¿Contestará Dios todas la peticiones de los creyentes? Compare Jn.15:7 con el Sal. 66:18

a. _____

b. _____

LA ORACIÓN EN LA VIDA DE CREYENTE – II

A. La oración de fe Heb. 11:6
-Este tipo de oración agrada a Dios
    -Debe de reconocerse que le hay
-Ore y crea que lo recibirá   Mr. 11:24

B. La oración persistente Lucas 11:5-10
-Este tipo de oración reconoce que Dios conoce todas las cosas
    -Es continua…pidiéndo, buscando y tocando, (v.9)
    -(No tiene nada que ver con oración repetitiva)   Mt. 6:7

C. La oración intercesora Fil. 1:3
-Esta es la oración de influencia. Es la oración de representación
-Movemos el corazón de Dios a través de la oración intercesora   Ex. 32:30-33
-Dios mueve el corazón de otros al buscar su rostro.   2 Ts. 3:1

D. Los obstáculos de la oración
    -¿Cuándo no oye Dios la oración de Sus hijos?
    1. Orando con motivos equivocados   Stg. 4:3
    2. Almacenando pecados secretos o pecados no confesados   Sal. 66:18
    3. La deshonra o el maltrato de la esposa   1 Ped. 3:7

E. Los enemigos de la oración y la solución
    1. Satanás y sus demonios
        -Es una guerra constante "…tenemos lucha contra…"   Ef. 6:12
           -Hay posibilidad de distintos niveles de fuerzas demoníacas
        -Hay "principados" sobre naciones   Dan. 10:12-13
    2. La autoridad de reprender al maligno   Hch.16:18
        -("Atando a Satanás" no es una oración Bíblica)

F. La necesidad del ayuno y la oración*
    1. En vista del enemigo, Josafat   2 Cr. 20:3
    2. En vista de lo desconocido, Esdras   Esd. 8:21
    3. En vista de fortalezas espirituales   Mt. 17:21
    4. En busca de la voluntad Dios   Hch. 13:2-3

G. Las oportunidades de oración*
    1. La oración privada   Mt. 6:6
    2. La oración corporativa   Hch. 2:1

H. Las innovaciones en oración
-No hay límites a las distintas formas de oración…tiene que ver con responder al impulso del Espíritu Santo. Considere los siguientes ejemplos:

Conciertos de Oración	Día Nacional de Oración	Oración Monte Horeb
Nos Vemos en el Asta	Expediciones de Oración	Faros de Oración
Jornadas de Oración	Cadenas de Oración	Caminatas de Oración
Relojes de Oración	Madres al Tanto	La Ventana 10/40
El Día de Oración por la Iglesia Perseguida		Ayuno y Oración

    * Consulte el Apéndice II

LA ORACIÓN EN LA VIDA DE CREYENTE – II

Pregunta y Respuesta

Meditando en la Palabra de Dios:

Memorice Mr. 11:24

El Evangelio de Mateo

❏ Cap. 15   ❏ Cap. 16   ❏ Cap. 17   ❏ Cap. 18   ❏ Cap. 19   ❏ Cap. 20   ❏ Cap. 21

1. Si una persona cree que Dios es (Heb. 11:6), ¿Qué está confesando efectivemente?

_____

2. ¿Por qué es la fe tan crucial en la oración? (Heb. 11:6)

_____

3. Si una persona hace una oración y la repite y la repite y la repite en la misma media hora, ¿Será esta una oración persistente (Lc. 11:5-10), o una oración de práctica pagana? (Mt. 6:7)

_____

4. En el Antiguo Testamento, una de las responsabilidades del sacerdote era de interceder por el pueblo de Israel. En otras palabras, el sacerdote habla a Dios a favor del pueblo. ¿Por qué se le llama ahora a los creyentes un real sacerdocio? (1 Ped. 2:9) ¿Cuál es la responsabilidad primordial del sacerdocio del creyente? (ponga un círculo a la respuesta correcta)
a. predicar   b. interceder   c. cantar   d. confesar

5. Juan 15:7 dice que yo le puedo pedir a Dios lo que yo quiera y Él me lo dará. ¿Será ésta una interpretación correcta de este texto   ❏ Sí   ❏ No   Explique:

_____

6. Cuando un esposo maltrata a su esposa, ¿Será esto pecado? (1 Ped. 3:7) _____
¿Por qué el trato del esposo a su esposa afecta su vida de oración? _____

_____

7. ¿Qué es ayunar? _____

8. ¿Cuándo debe de ayunar el creyente?
(ponga un círculo a la respuesta correcta)
a. Delante de una decisión seria
b. Cuando hay necesidad de un enfoque de humillación
c. En vista de fortalezas espirituales
d. Todo lo mencionado

9. En Hechos 12:5, Dios escuchó la oración de la iglesia al orar por Pedro porque oraban corporativamente y porque oraban _____

LA BIBLIA EN LA VIDA DEL CREYENTE

A. La Biblia es un requisito para todo nuevo creyente
-Es la leche del niño espiritual   1 Ped. 2:2
-Es el alimento que da crecimiento al creyente   Heb. 5:14
-Es el manual de vida   Sal. 119:105
-La importancia de meditar diariamente en la Palabra   Sal. 1:2-3

B. La Biblia revela la condición espiritual perdida del la persona
-El pecado que hace al hombre pecador   Ro. 5:12
-El pecado que separa al hombre de Dios   Is. 59:2; Ro. 3:23
-El pecado que dirige al hombre a condenación eterna   Jn. 3:36; Ro. 6:23

C. La Biblia le dice al hombre como ser salvo
-El nuevo nacimiento   Jn. 3:1-17
-El plan de Dios para salvación   1 Co. 15:3-5
-La salvación es por fe en el Señor Jesús   Ro. 10:9-10

D. La Biblia nos cuenta la historia de Jesús, Su propósito y ministerio
-¿Por qué el Evangelio de Juan como primera lectura?   Jn. 3:16
-Cómo Dios desea que viva el hombre   Fil. 2:5-8
-Para que creamos en Él   Jn. 20:30-31
-Para que le conozcamos a Él   Jn. 17:1-26
-Para que sepamos que toda la Biblia habla de Él
       -Desde Moisés hasta los profetas   Lc. 24:27
       -Cada libro habla de Él

E. La Biblia nos habla del pecado
-¿Cómo entró el pecado al mundo?   Gén. 3:1-7
-¿Cómo puede ser perdonado el pecado?   Hch. 13:38
-¿Cómo puede ser vencido el pecado?   Ro. 6:1-2

F. La Biblia nos habla del plan de Dios para las edades
-De la eternidad a la eternidad   Jn. 1:1; Ap. 21:1-27
-Del principio del mundo al fin del mundo   Gén. 1:1; 2 Ped. 3:10
-Del paraíso a las calles de oro   Gén. 2;8; Ap. 21:21

G. La Biblia nos enseña la voluntad de Dios
-Nos enseña doctrina   2 Tim. 3:16-17
-Nos redargüye o nos reprende
-Nos corrige
-Nos instruye en justicia o nos capacita

H. La Biblia nos prepara para ministrar
-Para nuestra nutrición espiritual   Col. 3:16
-Para nuestro crecimiento en Cristo   Jn. 15:5
-Para la edificación de nuestras familias   Deut. 6:6-9
-Para la edificación de la iglesia   Ro. 12:6-8
-Para la salvación de un mundo sin Cristo   1 Ped. 3:15

---

*Consulte Apéndice III

LA BIBLIA EN LA VIDA DEL CREYENTE

Pregunta y Respuesta

Meditando en la Palabra de Dios:

Memorice 1 Ped. 2:2

El Evangelio de Mateo

❑ Cap. 22 ❑ Cap. 23 ❑ Cap. 24 ❑ Cap. 25 ❑ Cap. 26 ❑ Cap. 27 ❑ Cap. 28

1. Lea Génesis 3:15. A este texto se le ha llamado el (Gr.) *proevangelion*, o sea el evangelio antes del evangelio porque presenta la profecía de Jesús como "la semilla de la mujer" quien sería herido. El día llegaría cuando Jesús moriría en la cruz.

2. El recién nacido necesita _____. ¿Qué necesita el recién nacido en el Señor? (1 Ped. 2:2) _____

3. Todos los libros de la Biblia hablan de Jesús:
-En Génesis 49:10, ¿Quién es Siloh? _____
-En Rut 3:9-13, ¿Quién es el pariente redentor? _____
-En Isaías 9:7, ¿Quién es esta persona eterna? _____
-En Miqueas 5:2, ¿Quién es el que nace en Belén? _____
-En Malaquías 3:1, ¿Quién es el que viene? _____

4. De acuerdo al Salmo 119:11, Si un hombre _____ la palabra de Dios en su corazón, no pecará contra Dios.

5. ¿Pudiéramos haber sabido que estábamos destinados a condenación eterna si Dios no lo hubiera dicho a través de su Palabra? ❑ Sí ❑ No

6. ¿Cómo puede guardar un creyente la palabra de Dios en su corazón?
(ponga un círculo a la respuesta correcta)
a. leyéndola   b. memorizándola   c. estudiándola   d. todo lo mencionado

7. Hebreos 5:12 declara que el "alimento sólido" es el alimento espiritual para el creyente maduro, mientras _____ es el alimento del bebé en Cristo.

8. ¿Qué tan seguido meditaba el Salmista en la palabra de Dios? (Sal. 1:2-3)
_____

9. ¿Para qué sirve la palabra de Dios? (2 Tim. 3:16)
_____   _____
_____   _____

10. Deuteronomio 6:6-7, enseña que los padres deben enseñar a sus hijos cuando…
_____

EL ESPÍRITU SANTO EN LA VIDA DEL CREYENTE

A. El Espíritu Santo regenera
1. El Espíritu Santo toma la iniciativa en la salvación   Jn. 1:13
2. El Espíritu Santo da vida al espíritu del hombre   Ef. 2:1

-A ésto se le llama "regeneración"

-Él forma un tabernáculo para el Señor Jesús   1 Co. 6:19

B. El Espíritu Santo bautiza
-La promesa del Padre… "otro Consolador"   Jn. 14:16

-El bautismo es efectuado por Cristo   Mt. 3:11

1. Es para todo creyente
   -Se lleva a cabo cuando la persona cree en Cristo   Hch. 10:44

   -Si una persona no posee el Espíritu Santo no pertenece a Dios   Rom. 8:9b

   -La persona no puede pedirlo …es un don de Dios   Jn. 7:37-39
2. Es sin experiencia   Hch. 2:1-4

   -No es una experiencia secundaria

   -La experiencia de la iglesia del primer siglo en el Día de Pentecostés, no es norma, ni es mandato para la Iglesia
3. Es distinto a la inmersión en agua   Hch. 10:47-48
4. Es unión en Cristo   Ro. 6:3-5
5. Es membresía en el cuerpo de Cristo   1 Co. 12:13

   -En el momento que la persona cree en Cristo llega a ser miembro del cuerpo de Cristo

C. El Espíritu Santo sella
1. El hecho del sello   Ef. 4:30

   -Es real. Es confirmado por Su Palabra y por nuestro espíritu
2. El momento del sello   Ef. 1:13

   -Se lleva a cabo en el momento de la salvación.
3. La intención del sello

   a. Es la seguridad de que somos posesión de Dios.

   b. Es la evidencia de la salvación.

   c. Es la garantía al creyente de parte de Dios de su herencia futura.

D. El Espíritu Santo que habita   Ro. 8:9
1. Es la evidencia de que Cristo ha venido a hacer hogar.
2. Es la evidencia del fruto del Espíritu   Gal. 5:22-23

E. El Espíritu Santo llena
1. Es un mandato   Ef. 5:18

   -El creyente tiene el mandato de ser lleno.
2. Es algo que se escoge

   -El creyente escoge ser lleno del Espíritu Santo al voluntariamente escoger confesar su pecado, vivir una vida santa y depender de Dios en todas las cosas.
3. Es necesario para el ministerio

F. El Espíritu Santo capacita
-El da los dones espirituales para Su servicio   1 Co. 12:4-11

EL ESPÍRITU SANTO EN LA VIDA DEL CREYENTE

Pregunta y Respuesta
Meditando en la Palabra de Dios:

Memorice: Ro. 3:10 Ro. 3:23
El Evangelio de Marcos
❑ Cap. 1   ❑ Cap. 2   ❑ Cap. 3   ❑ Cap. 4   ❑ Cap. 5   ❑ Cap. 6   ❑ Cap. 7

1. De acuerdo a Tito 3:5 somos_____ por medio del Espíritu Santo.

2. Mateo 3:11 declara claramente que el que bautiza con el Espíritu Santo es

_____

3. En Juan 14:16 al Espíritu Santo se le llama "otro _____."

4. ¿Será cierto que todos los que reciben a Cristo reciben al Espíritu Santo?
(1 Co. 12:13)   ❑ Sí   ❑ No

5. ¿Podrá un creyente perder la presencia del Espíritu Santo? (Ef. 4:30)
❑ Sí   ❑ No

6. ¿Qué debe fluir de nuestras vidas como resultado de la presencia del Espíritu Santo?
(Gal. 5:22-23)…el fruto del Espíritu:

_____, _____, _____
_____, _____, _____
_____, _____, _____

7. 1 Corintios 3:16, declara que ahora somos _____ del Espíritu Santo.

8. ¿Podrá una persona ser salvo y no poseer el Espíritu Santo? (Ro. 8:9)
❑ Sí   ❑ No

9. ¿Cual es la diferencia entre el bautismo con el Espíritu Santo y el bautismo en agua?

_____
_____

10. El creyente debe ser _____ del Espíritu Santo. (Ef. 5:18) ¿Es
mandamiento?   ❑ Sí   ❑ No

11. ¿Llega a ser el sello del Espíritu Santo una experiencia secundaria o se lleva acabo
cuando la persona cree? (Ef. 1:13) _____

25

LA IGLESIA EN LA VIDA DEL CREYENTE

A. Su comienzo

1. Empezó en la mente de Dios   Jn. 17:6-8
   -No fue un pensamiento tardío...Jesús vino a dar su vida por la iglesia
2. Fue declarada desde el corazón de Cristo   Mt. 16:16-18
   a. Jesús el cimiento de la Iglesia, (1 Co. 3:11)
   b. Jesús el dueño de la Iglesia
   c. Jesús el edificador de la Iglesia
   d. Jesús el capitán de la Iglesia
       -La Iglesia es proactiva...está en la ofensiva.
       -La Iglesia está derrotando las puertas del infierno.
3. Nació el Día de Pentecostés   Hch. 2:1-4
   a. La Iglesia local/visible
       -Empezó en la venida del Espíritu Santo
       -Empezó en Jerusalén...esta fue la primera Iglesia
   b. La Iglesia universal/invisible
       -Está representada en los cielos y en la tierra
       -Adora alrededor del mundo en distintos idomas   Ap. 7:9
       -Adora alrededor del mundo en distintas denominaciones
4. Empezó con un ministerio doble   Hch. 5:42
   a. Un ministerio público – una reunión corporativa
       -Templo, mercado, salón público, arena, estadio, etc.
       -Una celebración del Cristo resucitado
   b. Un ministerio en casas – (Gr.) *oikos*
       -Compañerismo con Cristo y con Sus hijos, intimidad, oración
        adoración corporativa, crecimiento espiritual y evangelismo

B. Los miembros de una Iglesia local

1. Creyentes bautizados   Hch. 2:38
2. Los que asisten:
   a. El hombre natural – 1 Co. 2:14
   b. El hombre espiritual – 1 Co. 2:15-16
   c. El bebé en Cristo – 1 Co. 3:1
   d. El Cristiano voluntariamente carnal – 1 Co. 3:1-3

C. Las cuatro prioridades de la Iglesia

1. Exaltar...   Col. 3:16
   ...a Padre y a Su Hijo Jesús en la congregación   Sal. 22:22
2. Edificar...   1 Co. 3:9-10
   ...a los creyentes, discipulándoles en el conocimiento de la Palabra de Dios
3. Equipar...   Ef. 4:11-13
   ...a los santos, dándoles la herramienta para la obra del ministerio
4. Evangelizar...   Hch. 1:8
   ...a los inconversos y compartir con ellos las buenas nuevas de salvación

D. El compromiso

-Ser una parte activa de la Iglesia del Señor Jesús.   Heb. 10:25

LA IGLESIA EN LA VIDA DEL CREYENTE

Pregunta y Respuesta

Meditando en la Palabra de Dios:

Memorice: Ro. 6:23

El Evangelio de Marcos

❏ Cap. 8   ❏ Cap. 9   ❏ Cap. 10   ❏ Cap. 11   ❏ Cap. 12   ❏ Cap. 13   ❏ Cap. 14

1. ¿A quién le pertenece la Iglesia? (Mt. 16:18)

_____

2. Cientoveinte discípulos Judíos estaban orando y esperando la promesa del Padre en el mismo día de celebración de la Fiesta del Pentecostés (Hch. 2:1-4). ¿Qué comenzó ese mismo día cuando descendió el Espíritu Santo sobre los cientoviente? (Ponga un círculo en la respuesta correcta)
 a. un club   b. una reunión de oración   c. la Iglesia   d. un grupo paraeclesiástico

3. ¿Será posible que personas que no conocen a Cristo lleguen a ser parte de la membresía de una iglesia local? (1 Co. 2:14)   ❏ Sí   ❏ No

4. ¿Cuándo llega a ser una persona miembro de la Iglesia de Jesucristo? (Ro. 10:9-10)
 (Ponga un círculo en la respuesta correcta)
 a. Cuando se une a una iglesia local   b. Cuando se bautiza
 c. Cuando confiesa a Jesucristo como Salvador   d. Cuando empieza a diezmar

5. ¿Qué diría una persona que dice, "Yo soy Cristiano, pero no necesito hacerme miembro de una iglesia local. Después de todo, ya soy miembro de la Iglesia del Señor Jesús." (1 Co. 12:20-21)

_____

6. La iglesia del primer siglo crecía fuerte porque, "...perseveraban en la _____ de los apóstoles, en la _____ en el _____ y en las _____." (Hch. 2:42)

7. 1 Corintios 2:14-3:3 identifica cuatro tipos de personas en la iglesia local: el hombre _____(2:14); el hombre _____ (2:15-16); el bebé en Cristo (3:1); el Cristiano voluntariamente _____(3:1-3).

8. De acuerdo a Efesios 5:19-20 uno de los propósitos primordiales de la iglesia es

_____

9. ¿Será pecado dejar de ir a la iglesia? (Heb. 10:25)   ❏ Sí   ❏ No
 De acuerdo al escritor de Hebreos, ¿Cuál sería una motivación para asistir regularmente a la adoración de la iglesia?

_____

27

LLAMADOS A SER TESTIGOS

A. Evangelismo como estilo de vida
-Evangelismo, predicar o compartir el evangelio, las buenas nuevas

   1. Llamados a ser testigos — Hch. 1:8

     -Un testigo que ha sido apoderado — Mt. 28:18

     -Un testigo a todas las naciones, (Gr.) *ethnos*, a todos los pueblos: Jerusalén, Judea, Samaria y hasta los fines de la tierra

     -Un testigo sin prejuicios — Hch. 11:20

     -Un testigo que está siempre preparado — 1 Ped. 3:15

     -Un testigo audaz — Hch. 4:13

       -(Gr.) *martureo…la* raíz de la palabra mártir

   2. Ejemplos del evangelismo de los creyentes del primer siglo

     a. Esteban, el primer mártir de la Iglesia — Hch. 7:2-60

       -Predicó a los líderes judíos de su día

     b. Pedro, el primer predicador de la Iglesia

       -Predicó el evangelio a la casa de Cornelio — Hch. 10:34-44

     c. Felipe, testificó a un eunuco etíope — Hch. 8:34-35

       -Felipe empezó en el punto del entendimiento del eunuco

   3. Los métodos del evangelismo del la iglesia del primer siglo

     a. Testificaban diariamente — Hch. 5:42

       (1). En el templo/públicamente

         -El poder de la predicación — 1 Co. 1:18-21

         -El poder de la intercesión

         -La necesidad de la sensibilidad

       (2). De casa en casa — Hch. 20:20

         -Evangelismo sin amenaza

         -Evangelismo relacional

         -La invasión de fortalezas espirituales

     b. Testificaban al caminar — Hch. 8:4

     c. Testificaban en su amor y benevolencia — Hch. 4:32-35

       -Compartían con los necesitados

B. Evangelismo a través de la presentación del evangelio

   1. El evangelio — 1 Co. 15:3-5

   2. La Ruta Romana de salvación

     -Lo perdido del hombre — Ro. 3:10, 3:23

     -La condenación del pecado — Ro. 6:23

     -La Buenas Nuevas — Ro. 5:8

     -La confesión que salva — Ro. 10:9-10, 13

C. Evangelismo a través del testimonio personal

   1. El testimonio del apóstol Pablo ante el Rey Agripa

     a. Su vida antes de conocer a Cristo — Hch. 26:4,5,9-11

     b. Como conoció a Cristo — Hch. 26:12-18

     c. Como su vida cambió — Hch. 26:19-23

D. Evangelismo a través del folleto evangelístico

E. Evangelismo y las motivaciones inovativas del Espíritu Santo

LLAMADOS A SER TESTIGOS

Pregunta y Respuesta

Meditando en la Palabra de Dios:

Memorice: Ro. 5:8, 10:9-10,13

El Evangelio de Marcos y el Evangelio de Lucas

❏ Cap. 15   ❏ Cap. 16   ❏ Cap. 1   ❏ Cap. 2   ❏ Cap. 3   ❏ Cap. 4   ❏ Cap. 5

1. Recite y explique la Ruta Romana a otro creyente o a un miembro de la familia:
-Ro. 3:10, 23
-Ro. 6:23
-Ro. 5:8
-Ro. 10:9-10, 13

2. En una hoja separada, escriba su testimonio personal siguiendo el bosquejo. Cuando ya lo ha escrito, compártalo con otro creyente o con un miembro de su familia:
a. ¿Cómo era su vida antes de conocer a Cristo?
b ¿Cómo llegó a conocer a Cristo?
c. ¿Cómo ha cambiado su vida desde que conoció a Cristo?

3. Cuando Jesús sanó al hombre ciego y se le hicieron preguntas concerniente a Jesús, ¿Cual fue su único testimonio? (Jn. 9:25)
_____

4. ¿Qué tres cosas nos hacen testigos audaces de Cristo?
a. (Hch. 4:13) _____
b. (Hch. 1:8) _____
c. (Mt. 28:18) _____

5. ¿Qué dos ministerios se utilizaron en la proclamación del evangelio para la iglesia del primer siglo?
a. _____
b. _____

6. ¿Nos llamó Dios a que le testificáramos sólo a la gente de nuestra raza? (Hch. 1:8)
❏ Sí   ❏ No

7. ¿Qué haría usted si la persona con la cual desea compartir a Cristo no habla su idioma? ¿Sería este una buena ocasión para usar un folleto evangelístico en su idioma?   ❏ Sí   ❏ No
¿Qué más se pudiera hacer? _____
_____

8. "...y estad siempre _____ para presentar defensa con mansedumbre y reverencia ante todo el que os demande razón de la esperanza que hay en vosotros." (1 Ped. 3:15 RV)

EL PLAN DE DIOS PARA SALVACIÓN

A. La persona debe de saber que Dios es amor   Jn. 3:16
-Empecemos con una palabra positiva.
   1. Dios creó al hombre porque deseaba tener compañerismo con él.
       -Adán caminaba con Dios en el jardín en la fresca mañana.(Gén.3:8)
   2. Dios puso al hombre en un hermoso jardín llamado el jardín de Edén, con acceso a la fruta de todo árbol del jardín, incluyendo el árbol de la vida, con excepción del fruto del árbol del bien y del mal. (Gén. 2:15-16)
   3. Dios creó al hombre "formidablemente y maravillosamente" (Sal. 139:14)

B. La persona debe saber que el hombre ha pecado en contra de Dios
   1. El hombre violó la única prohibición de Dios en el jardín
       -El participó de la fruta indebida...Eva primero, luego Adán. (Gén. 3:1-7)
   2. El pecado de Adán fue transmitido a toda la humanidad   Ro. 5:12
   3. Ahora todo hombre nace con una naturaleza pecaminosa. (Ro. 7:15)
       -Es la razón por la cual niños han muerto...aunque se van al cielo. (2 Sam. 12:23)
   4. El hombre es pecador.   Ro. 3:23
       -Tan pronto como el hombre llega a la edad de la conciencia le espera el infierno.
       "...No hay justo, ni aun uno."   Ro. 3:10
   -"Pero vuestras iniquidades han hecho división...."   Is. 59:2
   -El hombre es enemigo de Dios.   Ro. 5:10

C. La persona debe saber que el pecado le condenará   Ro. 6:23
   1. El hombre será condenado por su pecado. (Ap. 20:12)
   2. El hombre será condenado por que ha rechazado a Cristo.   Jn. 3:36

D. La persona debe saber que hay esperanza Ro. 5:8
   -Aquí es donde empiezan las Buenas Nuevas.
   1. El Evangelio de Jesucristo...¡las buenas nuevas!
       -Se termina el silencio de 400 años
       -Su nacimiento milagroso, Su ministerio y sus milagros
       -Su muerte substituta y su sepultura
           -El hombre necesitaba que alguien tomara su lugar   Is. 53:5-7
           -Dios requería un substituto perfecto, "El Cordero de Dios" (Jn. 1:29,36)
           -"...por nosotros lo hizo pecado..." (2 Cor. 5:21)
       -Su resurrección y apariciones

E. La persona necesita nacer otra vez Jn. 3:3
   -No es suficiente creer en Dios, también los demonios creen y tiemblan. (Stg. 2:19)
   -El hombre no puede ser salvo por sus propias obras. (Ef. 2:8-9)
   -¿Qué necesita hacer?
   1. Necesita creer en El.   Hch. 16:31
       -"...porque no hay otro nombre...en que podamos ser salvos..." (Hch.4:12)
   2. Necesita recibirlo.   Jn. 1:12
   3. Necesita confesarlo como su Señor.   Ro. 10:9-10,13

F. La persona necesita entender lo que ha hecho
   -La oración y el consejo al nuevo creyente es crucial. (Mr. 4:14-20)*
   -Dele a la persona un folleto o un material que confirme su decisión.**

---

*Consulte Apéndice IV, **Consulte Apéndice V

EL PLAN DE DIOS PARA SALVACIÓN

Pregunta y Respuesta
Meditando en la Palabra de Dios:

Memorice: Is. 59:2

El Evangelio de Lucas

❏ Cap. 6   ❏ Cap. 7   ❏ Cap. 8   ❏ Cap. 9   ❏ Cap.10   ❏ Cap. 11   ❏ Cap. 12

A. Abajo encontrará la presentación de la Ruta Romana del Plan de Dios para la Salvación con Escrituras complementarias. Tome una tarjeta de 3x5. Escriba y memorice todas las Escrituras . Procure memorizárselas en el mismo orden.

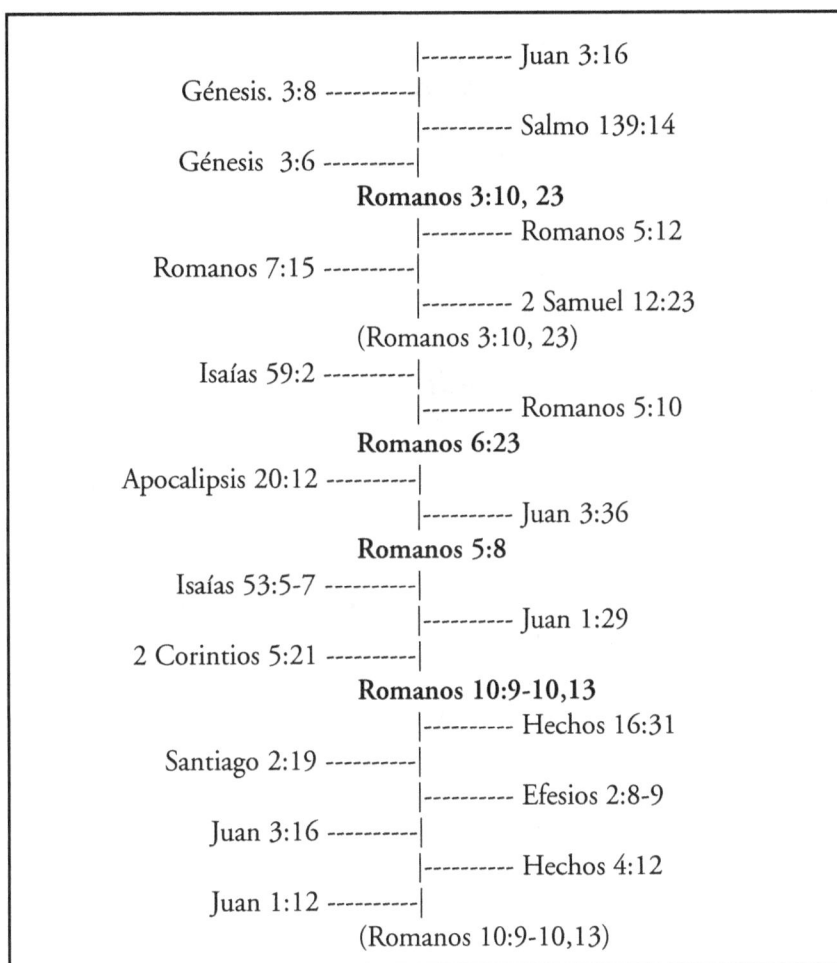

```
                                  |---------- Juan 3:16
             Génesis. 3:8 ---------|
                                  |---------- Salmo 139:14
             Génesis  3:6 ---------|
                        Romanos 3:10, 23
                                  |---------- Romanos 5:12
             Romanos 7:15 ---------|
                                  |---------- 2 Samuel 12:23
                        (Romanos 3:10, 23)
             Isaías 59:2 ---------|
                                  |---------- Romanos 5:10
                        Romanos 6:23
        Apocalipsis 20:12 ---------|
                                  |---------- Juan 3:36
                        Romanos 5:8
            Isaías 53:5-7 ---------|
                                  |---------- Juan 1:29
         2 Corintios 5:21 ---------|
                        Romanos 10:9-10,13
                                  |---------- Hechos 16:31
            Santiago 2:19 ---------|
                                  |---------- Efesios 2:8-9
              Juan 3:16 ---------|
                                  |---------- Hechos 4:12
              Juan 1:12 ---------|
                        (Romanos 10:9-10,13)
```

B. Aprenda frases transicionales que tornen cualquier conversación a temas eternos.
C. Use cualquier ocasión disponible para hablar de Cristo.
D. Mantenga la conversación en el tema de Cristo; Lea su Biblia y conózcala.

EL SEÑORÍO DE CRISTO

A. Su Señorío definido

-El uso neotestamento de la palabra (Gr.) *kurios* – Señor
    -En Arameo *mara* o *mari*, *marana* tha "nuestro Señor, viene"   1 Co. 16:22
-El significado de la palabra – soberano, dueño, máxima autoridad, líder
-¡Es Jesucristo el Señor!   1 Co. 8:6
-Al verse en Sus atributos, Él es Dios: (1 Cr. 29:11-13)

Omnipotente	Omnisciente	Omnipresente	Amor
Inmutable	Santo	Perfecto	

B. Su Señorío sobre toda la creación

-Él es creador del universo   Heb. 1:2
-Él reprendió a la tormenta, "Y el viento cesó…"   Mr. 4:39
-Él maldijo la higuera   Mt. 21:19

C. Su Señorío sobre todas las cosas Ef. 1:20b-23

1. Él está sentado a la diestra de Dios en los lugares celestiales.
2. Él está por encima de todo principado, autoridad, poder, y señorío.
    -Ésto incluye todos los tipos de ángeles. (Heb. 1:4-7)
    -Ésto incluye a Satanás y a los demonios. (Col. 2:15)
    -Ésto incluye autoridades, reyes y reinos. (Col. 1:15-17)
3. Él posee un nombre que es sobre todo nombre. (Fil. 2:9)
4. Él tiene todas las cosas a sus pies. (Fil. 2:9-11)
5. Él es cabeza sobre todas las cosas en la Iglesia. (Ef. 5:23)

D. Su Señorío es esencial a la salvación

-Es Su nombre, persona y posición "…Jesucristo es Señor."   Fil. 2:11
-Fue la respuesta de Pablo y Silas al carcelero de Filipos   Hch. 16:31
-Es la confesión necesaria   Ro. 10:9
-Requiere:
    -Arrepentimiento – un cambio de mente
    -Humillación – la inclinación del corazón a Dios, cediendo a Su Señorío
    -Confesión – una confesión sin pena de Su Señorío
-Puede ser falsificada: "…¡Señor, Señor! ¿No profetizamos…"   Mt. 7:22

E. Su Señorío es real sobre todo creyente obediente

-Tiene que ver con sumisión
1. El es Señor en todo tiempo
    -En todas las etapas de la vida: Desde su niñez hasta su vejez.
    -En todas las circunstancias de la vida: Prosperidad, tormenta, enfermedad, etc.
2. El es Señor en toda área de nuestra vida:
    -Personal, familia, finanzas, profesión, recreo, entretenimiento, decisiones, compañero(a) o amigos, etc.

F. Su Señorío sostenido

-Diariamente permaneciendo en Su Palabra y en oración   Jn. 15:1-7
-Diariamente siendo lleno del Espíritu Santo   Ef. 5:18
-Diariamente sometiéndose y abandonándose   Ef. 3:14
-Diariamente reconsagrándose a Su Señorío   Ro. 12:1

EL SEÑORÍO DE CRISTO

Pregunta y Respuesta

Meditando en la Palabra de Dios:

Memorice: Gál. 2:20

El Evangelio de Lucas

❏ Cap. 13   ❏ Cap.14   ❏ Cap.15   ❏ Cap. 16   ❏ Cap. 17   ❏ Cap. 18   ❏ Cap. 19

1. En Hebreos 1:2, Jesús fue hecho heredero de _____.

2. Basándonos en 1 Crónicas 29:11-13, ¿Cómo define usted la soberanía de Dios? ____
_____

3. Mateo 6:33, dice que debemos , "buscar _____ el reino de Dios…"

4. Si usted ha recibido a Jesús como su Salvador, ¿Qué es El para usted? _____
_____

5. De acuerdo a Filipenses 2:9-11, ¿Habrá una persona más importante que Jesús?
❏ Sí   ❏ No

6. Compare las respuestas correctas:
a. todo lo sabe   _____ omnipotente
b. está presente en todo lugar _____ inmutable
c. todo poderoso   _____ omnipresente
d. no cambia   _____ omnisciente
e. sin pecado   _____ santo

7. ¿Cuál de las oraciones está declarando una sumisión al Señorío de Cristo? Subraye la oración correcta.
a. "Yo voy a hacer lo que yo quiera no importa que quiera Dios."
b. "Si Dios me da primero lo que yo quiero, yo le daré luego lo que equivalga en intercambio."
c. "Si Dios me da primero lo que yo quiero, luego yo le daré lo que Él quiera."
d. "Yo le daré primero a Dios lo que Él quiera, luego en fe creeré y Él me dará lo que yo quiero."
e. "Yo le daré a Dios cualquier cosa que Él quiera, aunque no me de lo que yo quiero."
(Tomado de *Essentials of Discipleship* por Francis M. Cosgrove Jr., pgs.47-48)

8. El Señor Jesús es superior a todo. Él es sobre:
_____ Heb. 1:4-7
_____ Col. 2:15
_____ Col. 1:15-17
_____ Fil. 2:10

33

II. ¿QUÉ SIGNIFICA SER MIEMBRO DE LA IGLESIA?

LOS PRIVILEGIOS DE SER MIEMBRO DE LA IGLESIA – I

A. El privilegio de apoyar con su presencia
   1. Comprométase a la visión y al ministerio de la iglesia.   Hch. 20:20
   2. Participe corporalmente en el ministerio de la iglesia.   Heb. 10:25
     -Alabanza, discipulado, compañerimo, ministerio y alcance.
     -Su presencia es importante.

B. El privilegio de apoyar con su oración.
   1. Ore por la iglesia y por sus ministerios.   Ef. 1:16-19
   2. Participe en el ministerio de oración sin cesar.   1 Ts. 5:17
   3. Participe en las oportunidades de oración extraordinaria.   Hch. 12:5

C. El privilegio de apoyar con su ofrenda.
   1. Su ofrenda en obediencia.
     a. Bajo la ley Mosaica   Mal. 3:9-10
       -Los diezmos y las ofrendas se tenían que traer al Señor.
       -Todo el diezmo…10% de las ganancias
       -El no hacerlo era robar a Dios, por lo tanto acarreaba maldición.
       -El diezmo era traído al alfolí…la tesorería del templo.
       -La promesa de las ventanas abiertas por obedecer.
       -La reprensión del devorador por obedecer.
     b. Antes de la ley Mosaica   Gén. 14:20
       -Abram y el diezmo
       -Se entendía
     c. El principio universal…la aplicación neotestamentaria…bajo la gracia
       -El diezmo empieza al ofrendar
       -10% de las ganancias…antes de los impuestos… "todo el diezmo."
       -El Nuevo Testamento enseña: "…dad al César lo que es del César, y a Dios
        lo que es de Dios."   Mt. 22:21
       -El diezmo se da a la iglesia. Usted diezma en donde está recibiendo nutrición
        espiritual.
       -La promesa de las ventanas abiertas y la reprensión del devorador es vigente.
   2. Su ofrenda de amor.
     a. Es sacrificial   Hch. 2:44-47
     b. Es semanal   1 Co. 16:2
     c. Es benevolente   2 Co. 8:1-4
   3. Su actitud al ofrendar
     a. Es voluntaria   1 Cr. 29:9
     b. Es de gozo (2 Co. 9:7)   2 Co. 8:2a
     c. Es de generosidad (Ro. 12:8)   2 Co. 8:2b
     d. Es premeditada   2 Co. 9:7
     e. Es privada   Mt. 6:1-4
   4. El principio al ofrendar   2 Co. 9:6
     -Siembra mucho = siega mucho u ofrenda mucho = recibe mucho
     -Siembra poco = siega poco u ofrenda poco = recibe poco
   5. La distribución de la ofrenda
     -Misiones, evangelismo, administración, educación, utilidades, mantenimiento,etc

LOS PRIVILEGIOS DE SER MIEMBRO DE LA IGLESIA – I

Pregunta y Respuesta

Meditando en la Palabra de Dios:

Memorice: Heb. 10:25

El Evangelio de Lucas y el Evangelio de Juan

❏ Cap. 20   ❏ Cap. 21   ❏ Cap. 22   ❏ Cap.23   ❏ Cap. 24   ❏ Cap. 1   ❏ Cap. 2

1. ¿Qué verdades se encuentran en Hebreos 10:25 que son pertinentes a la vida de un creyente?

a. _____

b. _____

c. _____

2. ¿Cómo demostró el apóstol Pablo su amor para la iglesia?

-Romanos 1:8 _____

-1 Corintios 1:4 _____

-Filipenses 1:3-4 _____

3. La Biblia enseña que debemos dar. Debemos de dar nuestras vidas, nuestro tiempo, nuestros bienes, nuestros talentos y nuestros dones. En Juan 3:16, ¿Qué dió Dios? _____.

4. ¿Qué tipo de ofrenda dió Abram a Melquisedec? (Gén. 14:20) _____.

¿Cuánto dió? _____

5. Malaquías 3:8-11 enseña varias verdades:

a. El escoger no diezmar es _____ a Dios. (v.8)

b. El escoger no diezmar es ser _____. (v.9)

c. Todo el diezmo representa _____ % de sus ganancias. (v.10)

d. El diezmo debe ser traído al _____ (v.10)

e. Cuando una persona es obediente en su diezmo a Dios, ¿Qué hace Dios?

(1). El _____ las ventanas de los cielos. (v.10)

(2). El _____ al devorador de nuestras labores. (v.11)

6. 1 Corintios 16:2 dice que el creyente debe traer su ofrenda el primer día de la semana.

¿Qué día de la semana es este? _____   La ofrenda debe de traerse de

acuerdo a como ha _____.

7. Los creyentes de Macedonia dieron a los creyentes de Jerusalén de su _____

y de su _____. (2 Co. 8:2)

8. ¿Cómo se hace el trabajo del Señor? (1 Co. 3:6) El apóstol Pablo lo dijo así,

"Yo _____, Apolos _____; pero Dios dió el crecimiento."

9. El ser miembro de la iglesia es ....(subraye la mejor respuesta)

a. una obligación   b. una responsabilidad   c. un privilegio

37

LOS PRIVILEGIOS DE SER MIEMBRO DE LA IGLESIA – II

A. El privilegio de apoyar con sus dones

   1. Los dones de gracia común   Mt. 5:45
-Talentos y habilidades que son común a la humanidad
-Adquiridos de nacimiento o al ser expuesto, capacitación, educación, etc.

   2. Los dones de gracia espiritual   1 Ped. 4:10
-Dones sólo poseídos por creyentes.
-Dones de oficina, dones de servicio, dones de comunicación y dones de señal
(Efesios 4:11-12; Romanos 12:6-8; 1 Corintios 12:8-10)

B. El privilegio de apoyar en los ministerios de la iglesia 1 Co. 12:5

-Dios te ha hecho parte de su iglesia ya sea para:
-Que ayudes a la iglesia a cumplir con la visión que Dios ha dado a la iglesia.
-Que ayudes a la iglesia a entrar en áreas de ministerio que Dios desea, por lo tanto ampliando la visión de la iglesia.

C. Ministerios escenciales – exposición, enseñanza, diáconos, adoración, etc.
D. Ministerios de apoyo – cuna, niños, jóvenes, solteros, parejas, etc.
E. Ministerios de necesidad – benevolencia, transporte, ministero al descapacitado, etc.

C. El privilegio de apoyar a través de involucramiento personal

-Los "unos a los otros" del Nuevo Testamento.

1. Miembros los unos de los otros	Ro. 12:5
2. Amándoos unos a otros	Ro. 12:10a
3. Prefiriéndoos unos a otros	Ro. 12:10b
4. El mismo sentir unos por otros	Ro. 15:5
5. Recibíos unos a otros	Ro. 15:7
6. Aconsejándoos los unos a los otros	Ro. 15:14
7. Saludándoos (unos a otros)	Ro. 16:3-6
8. Servíos los unos a los otros	Gál. 5:13
9. Sobrellevad los unos (a los otros)	Gál. 6:2
10. Soportándoos unos a los otros	Ef. 4:2
11. Sometiéndoos unos a otros	Ef. 5:21
12. Animádoos los unos a los otros	1 Ts. 5:11a
13. Edificaos los unos a los otros	1 Ts. 5:11b
14. Ponga al servicio de los demás el don que ha recibido	1 Ped. 4:10

D. El privilegio de apoyar la visión y comprometerse a ella. *

LOS PRIVILEGIOS DE SER MIEMBRO DE LA IGLESIA – II

Pregunta y Respuesta

Meditando en la Palabra de Dios:

Memorice: 1 Ped. 4:10

El Evangelio de Juan

❏ Cap. 3   ❏ Cap.4   ❏ Cap. 5   ❏ Cap. 6   ❏ Cap. 7   ❏ Cap. 8   ❏ Cap. 9

1. Defina gracia común, de acuerdo a Mateo 5:45. _____

_____

_____

2. Un don de gracia común puede poseerse por un creyente, como también por un

inconverso.   ❏ Sí   ❏ No

3. Nombre algunos dones de gracia común:

_____   _____

_____   _____

4. Un don espiritual es una capacidad por Dios solo al creyente para la edificación
de la iglesia. (1 Co. 14:26)
Identifique y escriba los dones espirituales que encuentre en 1 Corintios 12:8-10.

1._____   6._____

2._____   7._____

3._____   8._____

4._____   9._____

5._____

5. ¿Será lo que aparece en Romanos 12:6-8 otra lista de dones espirituales?

❏   Sí   ❏ No Si usted contesta que sí, ¿Cuántos encuentra? _____

6. Cuando considera todos los "unos a otros" del Nuevo Testamento, ¿Qué le dice de ser

miembro del Cuerpo de Cristo? _____

_____

7. ¿Cúal es la diferencia entre 'sobrellevad los unos a los otros' (Gal.6:2) y

'soportándoos unos a otros?' (Ef. 4:2)_____

_____

8. ¿Por qué será un compromiso a desafiar el chisme

crucial? (Prov. 6:19b) _____

_____

9. ¿Ha entendido usted el privilegio de ser miembro de la iglesia? _____

39

INTRODUCCIÓN A LOS DONES DEL ESPÍRITU

A. La verdad de los dones del Espíritu

1. Dios quiere que usted conozca de dones espirituales — 1 Co. 12:1
2. El Espíritu Santo es el dador de los dones — 1 Ped. 4:10
   -Usted ha recibido uno o más dones.
   -Usted es responsable por la mayordomía de ese don.
3. Los dones se han dado y se han distribuido por gracia — 1 Co. 12:11
   -(Gr.) *pneumatikon charismaton* – un don espiritual de gracia
   -Los dones no se piden.

B. El propósito de los dones del Espíritu

1. Para equipar a los santos — Ef. 4:12
   -Para que la iglesia sea equipada para hacer la obra del ministerio
   -Para que la iglesia sea edificada
2. Para el provecho de todos — 1 Co. 12:7
3. Para la confirmación de la Palabra predicada — 1 Co. 14:24
4. Para la autenticidad del apóstol — 2 Co. 12:12

C. El proceso y el resultado de los dones 1 Co. 12:4-6

1. Hay diversidad de dones (v.4)
   -Diferentes tipos o variedad de dones
2. Hay diversidad de ministerios (v.5)
   -Diferentes tipos o servicio de administración
3. Hay diversidad de actividades (v.6)
   -Diferenties tipos de operaciones, efectos o resultados

D. Los dones en su orden de importancia 1 Co. 12:28

1. La prioridad de los dones de oficina.
   -'primero apóstoles, segundo profetas, tercero maestros, después…'
2. La superioridad de la profecía y la inferioridad de las lenguas. — 1 Co. 14:22

E. El mal uso de los dones espirituales

-Pueden ser usados en un espíritu carnal (Compare 1 Co. 1:2 con 1 Co. 3:1-4)
-Pueden ser ignorados o abusados
 -"…avives el don de Dios…" (2 Tim. 1:6)
 -"…sea por pretexto o sea de verdad…" (Fil. 1:18)

F. Como descubrir sus don(es) espiritual(es)

1. Sirva – dese voluntariamente a la necesidad, hágase disponible — Jn. 13:14
2. Haga la transición y obedezca los impulsos del Espíritu Santo
   -Dios da la gracia: el querer como el hacer — Fil. 2:13
       El da la carga o el llamado. Este sentir no se va.
   -Usted empieza a pensar y a orar en esta dirección.
   -Usted se goza y aún encuentra satisfacción en este ministerio.
   -Usted se da de lleno a este ministerio o ministerios.
3. Habrá confirmación de la Palabra de Dios.
4. Habrá confirmación de la Iglesia. — Hch. 13:2
5. Habrá mutiplicación de fruto y habrá resultados. — Mt. 13:23
6. El don se irá puliendo y refinando.
7. Inclínese a Dios para la expansión del ministerio. — 1 Crón. 4:10

INTRODUCCIÓN A LOS DONES DEL ESPÍRITU

Pregunta y Respuesta

Meditando en la Palabra de Dios:

Memorice: Ef. 4:12

El Evangelio de Juan

❏ Cap. 10 ❏ Cap. 11 ❏ Cap. 12 ❏ Cap. 13 ❏ Cap. 14 ❏ Cap. 15 ❏ Cap. 16

1. ¿Serán los dones espirituales un misterio y no querrá Dios que sepamos de ellos? (1 Co. 12:1)

❏ Sí ❏ No

2. De acuerdo a 1 Pedro 4:10, ¿Qué irá a hacer un 'buen administrador' con su(s) don(es)?

_____

3. ¿Dará Dios el mismo don a todos los miembros de la iglesia o habrá diversidad de dones espirituales en la iglesia? (1 Co. 12:4) _____

4. El apóstol Pablo menciona algunos veinte dones espirituales. Anote los dones que llamamos dones de oficina de Efesios 4:11.

_____   _____

_____   _____

5. De acuerdo a 1 Corintios 12:4-6, _____ se han dado por Dios. Estos _____ en torno se usan en _____ que en torno hay _____.

6. ¿Será justo decir que hay dones espirituales más importantes que otros? (1 Co. 12:28)

❏ Sí ❏ No

7. ¿Podrá usted usar su don espiritual en la carne? Si la persona tiene el don de enseñanza o el don de predicar, ¿Podrá usarse en la carne? (1 Co. 3:3-4)_____

8. ¿Cómo podrán otros en la iglesia confirmar que usted posee un don espiritual?

_____.

9. Al estudiar, Nehemías 2:11-18, ¿Qué don espiritual estimula?

(Subraye la respuesta correcta)

a. El don de administración   b. El don de misericordia

c. El don de enseñanza   d. El don de dar

10. Si un órgano del cuerpo humano decide no ejercer su función, ¿Cómo afectaría al cuerpo? _____ ¿Podrá ésto también sucederle a la iglesia?

_____.

LOS DONES DEL ESPÍRITU – I

A. Los dones de oficina   Ef. 4:11
-Estos son los dones que equipan y sólo fueron dados a varones.

1. Apóstol: Mr. 3:13-18
   -Doce hombres escogidos de Jesús y enviados a ministrar.
   -Judas Iscariote quien le tracionó, substituido por Matías o Pablo   Hch. 1:26; 9:15
   -El don terminó con el apóstol Juan en el primer siglo.

2. Profeta: Jn. 1:19-27
   -Una capacidad dada por Dios para predecir o proclamar
   -El don de predecir terminó en el primer siglo al cumplirse el
   canon de las Escrituras.   Apoc. 22:18
   -El don de proclamar continúa y también se le llama el don de predicar.
   -Se enfoca en despertar y mover al pueblo de Dios a responder.

3. Evangelista: Hch. 8:5-8
   -Una capacidad dada por Dios de proclamar las Buenas Nuevas.

4. Pastor-Maestro: 1 Ped. 5:1-4
   -Una capacidad dada por Dios para dirigir, alimentar, enseñar, proteger y
   sobrever el rebaño de Dios (Nunca se le llama reverendo en el Nuevo Testamento).

B. Los dones de servir
-Todo creyente ha recibido la gracia de exhibir una medida de los primeros dones, no
   obstante hay aquellos que definitivamente han recibido el don espiritual.

1. Servir o ayuda   Ro. 12:7
   -Una capacidad dada por Dios para servir sin reservaciones. El mejor ejemplo de
   servidumbre fue el Señor Jesucristo.

2. Misericordia   Ro. 12:8
   -Una capacidad dada por Dios para compadecer e identificarse con una persona
   que está doliendo en la iglesia.
   -Una persona compasiva que escucha, siente, consuela y apoya.

3. Dar   Ro. 12:8
   -Una capacidad dada por Dios de usar recursos personales y compartirlos con
   otros en la obra del Señor.
   -La persona no tiene que ser rica para tener este don, pero sí ser generosa y dar
   con un gozo ansioso.

4. Fe: 1 Co. 12:9
   -Una capacidad dada por Dios, aún más allá de la Palabra escrita.

5. Discernimiento de espíritus: 1 Co. 12:10
   -Una capacidad dada por Dios de identificar espíritus en la iglesia.
   -En vista de un canon incompleto, en el primer siglo, el creyente con este don
   podía discernir al profeta o al maestro verdadero de la Palabra.

6. Administración: 1 Co. 12:28
   -Una capacidad dada por Dios para organizar cosas o gente.
   -Este es un líder, por lo tanto una visión.

7. Celibato: 1 Co. 7:7-8
   -Una capacidad dada por Dios de no tener deseo sexual con el sexo opuesto, así
   siendo capaz de permanecer soltero y dar más tiempo para la obra de Dios.

LOS DONES DEL ESPÍRITU – I

Pregunta y Respuesta

Meditando en la Palabra de Dios:

Memorice: 1 Co. 12:27

El Evangelio de Juan y Los Hechos de los Apóstoles

❏ Cap. 17   ❏ Cap. 18   ❏ Cap. 19   ❏ Cap. 20   ❏ Cap. 21   ❏ Cap. 1   ❏ Cap. 2

1. El médico, Lucas, autor del Evangelio de Lucas y de Los Hechos de los Apóstoles fue discípulo del apóstol Pablo. ¿Lo hace esto un apóstol?

❏ Sí   ❏ No

2. El criterio de ser apóstol, de acuerdo a Hechos 1:22, es que la persona debe de haber sido testigo del _____ de Jesús por Juan el Bautista y debería de haber atestiguado la _____ del Señor Jesús al cielo.

3. Si predecir tiene que ver con profetizar cosas del porvenir y el proclamar es predicar la verdad, ¿Qué está haciendo el apóstol cuando escribe, "seremos arrebatados juntamente con ellos en las nubes…?" (1 Ts. 4:17)._____

4. Si Dios llama a un hombre a ser pastor-maestro, ¿Podrá la persona ser pastor y no maestro?

❏ Sí   ❏ No   Explique: _____
_____

5. El don de servir o ayuda tiene como modelo al Señor Jesús, (Jn. 13:14-16). Si hemos de imitar al Señor Jesús, ¿Querrá decir que todos tenemos el don de servir?   ❏ Sí   ❏ No
Explique: _____

6. Si el pastor-maestro no tiene el don de misericordia o de compasión, ¿Querrá decir ésto que no califica para ser pastor-maestro?   ❏ Sí   ❏ No   Explique:_____
_____

7. ¿Cuál de los siguientes dones espirituales posee solo un soltero? (Ponga un círculo a la respuesta correcta)
a. apóstol   b. profeta   c. celibato   d. administración   e. dar

8. Si una persona es buena para organizar cosas, pero no es buena para dirigir gente, ¿Significa ésto que no tiene el don de administración?   ❏ Sí   ❏ No
Explique: _____

9. Muchos creyentes tienen el don de fe, rara vez lo expresan con la excusa de que el hacerlo sería jactancia. Si así es el caso, ¿Sería jactancia decir que usted tiene el don de compasión? ¿Cuál es la diferencia?
_____
_____

10. ¿Ha identificado sus don(es) espiritual(es)? _____

LOS DONES DEL ESPÍRITU – II

A. Los dones de comunicación

1. Sabiduría   1 Co. 12:8

-Una capacidad dada por Dios para tomar los conocimientos y principios de la Palabra de Dios y aplicarlos a la vida diaria.

2. Conocimiento   1 Co. 12:8

-Una capacidad dada por Dios de buscar y entender la Palabra de Dios, y luego explicar la profundidad de estas verdades a otros.

3. Profecía   1 Co. 12:10

-Una capacidad dada por Dios de proclamar la Palabra de Dios; el don de predicar. El don de predecir o de proclamar, (considere la descripción en los Dones de Oficina mencionado arriba). Pudiera ser profetiza – una predicadora (Hch. 21:9).

-El don de profecía como don de predecir ya no se necesita hoy en vista de la finalización del canon de las Escrituras

4. Enseñanza   Ro. 12:7

-Una capacidad dada por Dios de tomar la Palabra de Dios, indagar por comprensión mayor y tener la habilidad de comunicarlo efectivamente.

[Nunca fue la intención de Dios de que el don de predicar y de enseñar fueran usados por la mujer para enseñar al hombre (1 Tim. 2:12). Ella podía enseñar y predicar a las mujeres, a los jóvenes y a los niños. El hacer lo contrario es violación a la autoridad dada por Dios].

5. Exhortación   Ro. 12:8

-Una capacidad dada por Dios para motivar, consolar e inspirar a otros.

B. Los dones de señal o los dones temporales.

1. Sanidades   1 Co. 12:9

-Una capacidad dada por Dios para sanar instantaneamente, completamente, y permanentemente de enfermedades variadas; El don incluía el levantar a los muertos.

2. Milagros   1 Co. 12:10

-Una capacidad dada por Dios para hacer señales y prodigios.

[Estos dos últimos dones mencionados fueron limitados a los años apostólicos de la iglesia. En vista de lo incompleto del canon de las Escrituras, el don de sanidades y el don de milagros era necesario para darle autenticidad al mensaje y al mensajero. Éstos confirmaban a los que observaban las sanidades y milagros que el hombre se había ganado el derecho de ser escuchado].

[La finalización de estos dones no significa que Dios no está sanando y haciendo milagros].

3. Diversidad de Lenguas   1 Co. 12:10

-Una capacidad dada por Dios para hablar en lenguas existentes que el creyente nunca había conocido

4. Interpretación de Lenguas   1 Co. 12:10

-Una capacidad dada por Dios para interpretar las lenguas que se hablaban por la persona con el don de lenguas.

[Estos últimos dones mencionados fueron intencionados por Dios para usarse en la asamblea. Eran necesarios como señal a un judío inconverso (1 Co. 14:22), y cumplimiento de (Is. 28:11). Al visitar la iglesia del primer siglo, el judío inconverso escuchaba la Palabra de Dios predicada en su propia lengua (no una vez sino dos o tres veces, 1 Co. 14:27)...el hombre quedaba convencido de que Dios le estaba hablando de una forma sobrenatural. La iglesia luego entendía lo que se había dicho en lenguas a través de la persona con el don de interpretación (y no una vez, sino dos o tres veces). Las lenguas cesaron de su propia cuenta antes de terminar el primer siglo (1 Co. 13:8)].

44

LOS DONES DEL ESPÍRITU – II

Pregunta y Respuesta

Meditando en la Palabra de Dios:

Memorice: 1 Co. 13:13

Los Hechos de los Apóstoles

❏ Cap. 3 ❏ Cap. 4 ❏ Cap. 5 ❏ Cap. 6 ❏ Cap. 7 ❏ Cap. 8 ❏ Cap. 9

1. Combine las respuestas correctas:
- a. Es un don que se enfoca en aplicación   _____ El don de conocimiento
- b. Es un don que se enfoca en motivación   _____ El don de enseñanza
- c. Es un don que se enfoca en entender   _____ El don de sabiduría
- d. Es un don que se enfoca en estudiar   _____ El don de exhortación

2. ¿Podrá un líder ser maestro?   ❏ Sí   ❏ No

¿Podrá un exhortador ser un maestro?   ❏ Sí   ❏ No

¿Podrá una persona con el don de sabiduría ser maestro   ❏ Sí   ❏ No

¿Dónde servirán mejor todos los mencionados?
- -Un líder _____
- -Un exhortador _____
- -Una persona con el don de sabiduría _____

3. Algunos piensan que el exhortar es regañar o amonestar, ¿Será esta la definición

correcta? ❏ Sí   ❏ No   Explique:_____

4. Note lo que sucede cuando una persona con el don de sanidades es usado por Dios.
(Hch. 3:1-10)
- a. La persona es sanada por (vv.6-7)_____
- b. La persona inmediatamente (vv.7-8)_____
- c. Las personas que ven la sanidad (vv.9-10) _____

5. Sanidades y milagros o señales y prodigios son señales de un (2 Co. 12:12)

6. Cuando el Espíritu Santo descendió en el Día de Pentecostés, la gente empezó a hablar

en otras _____. (Hch. 2:4-6)

Cuando se le dió a la iglesia del primer siglo el don de hablar en lenguas, el don fue

dado a todos los creyentes.   ❏ Verdad   ❏ Falsedad

Compare con 1 Co. 12:4 y explique: _____

7. Si 1 Corintios 14 tiene que ver con profecía y con hablar en lenguas, ¿Cuál es la

enseñanza del v. 34?_____

45

LA ORDENANZA DE LA CENA DEL SEÑOR

A. La institución de la Cena del Señor

(Mt. 26:26-30; Mr. 14:22-25; Lc. 22:14-22)

-La última semana de la vida de Jesús, la Semana Santa…el jueves por la noche.

-La noche de la traición, la noche cuando lo negaron, la anticipación del Jardín de Getsemaní, el arresto, y el jurado.

B. La iglesia del primer siglo y la Cena del Señor

1. La iglesia primitiva y la celebración inmediata.   Hch. 2:42,46

   "el partimiento del pan"

2. Cada semana o en cada reunión o "…todas la veces…"   1 Co. 11:26

3. Originalmente se hacía durante una comida.   1 Co. 11:20

   -Llegó a ser la "fiesta ágape" una Fiesta de Amor (2 Ped. 2:13; Jud.12)

4. Se hacía en proclamación de su muerte.   1 Co. 11:26

5. Se hacía en anticipación a la venida del Señor.   Lc. 22:16

6. Terminaban con un himno.   Mr. 14:26

C. El significado de la Cena del Señor

-Una ordenanza, simbólico…no un sacramento (un vehículo o un medio de la gracia de salvación)

1. Los elementos:

   a. El pan – un símbolo del cuerpo del Señor Jesús   Mt. 26:26

   b. La copa – un símbolo de la sangre que derramó el Señor Jesús   Mt. 26:27-28

      -La sangre del nuevo pacto (Mr. 14:24; Lc. 22:20; 1 Co. 11:25).

   [Transubstanciación – (la postura Católica Romana) – En la consagración del sacerdote los elementos son cambiados literalmente al cuerpo y a la sangre de Jesús].

   [Consubstanciación – (la postura Luterana) – Los elementos permanecen sin cambiarse hasta que el participante los toma, en tal momento llegan a ser el mero cuerpo y la sangre de Cristo].

2. Los elementos de recordatorio   Lc. 22:19

   -Es un memorial de Su muerte

   -Anticipaba el posible olvido o la ingratitud del hombre.

3. Los elementos de participación   Mt. 26:26

   -Es un tiempo de compartir y de compañerismo.

D. Los factores de la Cena del Señor

1. Es una cena de solemnidad y reverencia.   1 Co. 11:27

   -La participación "indigna" – un inconverso, pecados no confesados, falta de enfoque, irreverencia.

2. Es una cena que requiere auto examinación.   1 Co. 11:28

   –Es una celebración sólo para creyentes.   Lc. 22:11

   -Requiere una vida de obediencia.   1 Co. 11:27

       -Hay una advertencia de enfermedad o de muerte por desobedecer.

3. Es una cena de recordatorio y de reflexión.   1 Co. 11:25

   -Jesús: Su abnegación y falta de egoísmo, Su pena, Sus sufrimientos y Su expiación substituta.

4. Es una cena de comunión.   1 Co. 10:21

5. Es una cena anunciando Su muerte hasta que Él venga.   Mr. 14:25

46

LA ORDENANZA DE LA CENA DEL SEÑOR
Pregunta y Respuesta
Meditando en la Palabra de Dios:

Memorice: Jer: 31:33

Los Hechos de los Apóstoles

❏ Cap. 10   ❏ Cap. 11   ❏ Cap. 12   ❏ Cap. 13   ❏ Cap. 14   ❏ Cap. 15   ❏ Cap. 16

1. ¿Por qué celebraban los judíos la Fiesta de la Pascua? (Ex. 12:1-28)
_____
_____

2. Compare las palabras "Nuevo Testamento" en Lucas 22:20 con las palabras "Nuevo Pacto" de Jeremías 31:31. ¿Qué se estaba cumpliendo? _____
_____

3. El pan de la Cena del Señor (Lc. 22:19) representa _____
_____

4. La copa de la Cena del Señor (Lc. 22:20) representa _____
_____

5. Cuando participamos de la Cena del Señor, ¿Estaremos tomando del cuerpo del Señor y de Su sangre literalmente o estaremos haciéndolo simbólicamente?
Lo estamos haciendo _____.

6. 1 Corintios 11:25-26 nos da dos razones por conmemorar la Cena del Señor:
a. _____
b. _____

7. ¿Qué puede suceder a la persona que participa de la mesa del Señor indignamente? (1 Co. 11:30)
a. _____
b. _____

8. Si 1 Corintios 11:28 dice que la persona debe examinarse a sí mismo antes de participar en la Cena del Señor, ¿Por qué deberá considerar o hacer?

9. ¿Nos da el Nuevo Testamento un momento específico cuando debe de conmemorarse la Cena del Señor? (1 Co. 11:26) _____

10. Si Juan 6:53 fuera una referencia de la Cena del Señor, ¿Será ésta salvación por medio de obras? _____
¿Podrá una persona ser salva por medio de obras? (Ef. 2:8-9) _____

LA DISCIPLINA DE LA IGLESIA NEOTESTAMENTARIA

A. La enseñanza de la disciplina en la iglesia   Mt. 18:15-17
   1. Es enseñanza de Jesús.
   2. Tiene que ver con cuestiones entre la familia de creyentes.
      -Es, por lo tanto, una cuestion de la iglesia, pastores y congregación.
   3. Es practicado cuando un creyente peca en contra de otro creyente.

B. Los pecados que provocan la disciplina de la iglesia
   1. La violación de amor.   1 Jn. 2:8-11
   2. La violación de unidad.   Ro. 16:17
   3. La violación de la ley Cristiana.   Gál. 5:19-21
   4. La violación de la verdad Cristiana.   1 Tim. 6:3-5

C. El proceso de la disciplina de la iglesia   Mt. 18:15-17
   1. Primer paso:
      a. Confrontación directa.
      b. Amonestación en amor.
      c. Una sesión privada
      d. La condición:
         (1) Si te oyere… "has ganado a tu hermano." Perdón y restauración.
         -Oír, (Gr.) *akouw*…atención, entender…implica arrepentimiento.
         (2) Si no oyere…Segundo paso.
   2. Segundo paso:
      a. Envuelva a uno o a dos más.
         -Cumple con el principio universal de confirmación (Deut. 19:15).
      b. La condición:
         (1) Se entiende "Si oyere…has ganado a tu hermano." (Mt. 18:15)
         (2) Si no oyere…Tercer paso.
   3. Tercer paso:
      a. Presénteselo a la iglesia (Gr.) *ekklesia* (Mt. 18:18)
      b. La condición:
         (1) Si oyere o si se arrepiente…perdón y restauración.
         (2) Si rehusa oír a la iglesia:
            -Considérelo un Gentil o un publicano; un pagano.
            -Su nombre se remueve de la membresía de la iglesia.

D. La autoridad de la iglesia en disciplina   Mt. 18:18-20
   1. La iglesia tiene la autoridad de hacer una decisión de atadura en la tierra.
      -(Gr.) *deo* – atar, nudo
      -Lo que esté atado en la tierra a través de la autoridad de la iglesia está atado en el cielo.
   2. El principio de dos o tres llega a ser crucial en estas decisiones disciplinarias.
   3. El Señor Jesús está presente cuando la iglesia está haciendo estas decisiones.

E. La razón por la cual la iglesia debe practicar la disciplina en la iglesia.
   1. Es enseñanza de Jesús.
   2. Se enfoca en la pureza y en la santidad de la iglesia del Señor Jesús.
   3. Mantiene la integridad y el testimonio de la iglesia.

48

LA DISCIPLINA DE LA IGLESIA NEOTESTAMENTARIA
Pregunta y Respuesta

Meditando en la Palabra de Dios:

Memorice: Mt. 5:23-24
Hechos de los Apóstoles

❏ Cap. 17   ❏ Cap. 18   ❏ Cap. 19   ❏ Cap. 20   ❏ Cap. 21   ❏ Cap. 22   ❏ Cap. 23

1. ¿Será sólo la responsabilidad del pastor de iniciar la disciplina de un hermano que ha caído en pecado?
❏ Sí   ❏ No

2. ¿Será necesario ejercer la disciplina de la iglesia cuando un creyente está practicando los pecados mencionados en Gálatas 5:19-21?   ❏ Sí   ❏ No

3. ¿Cuándo empieza la disciplina de la iglesia? _____

4. ¿Deberá empezar la amonestación inicial públicamente o privadamente? (Mt. 18:15)
_____

5. ¿Por qué debe de tenerse dos o tres testigos cuando un creyente rehusa arrepentirse después de una confrontación? Compare (Deut. 19:15) con (Mt. 18:16). _____
_____

6. ¿Qué respuesta estamos buscando de un hermano que no se arrepiente en el primer, segundo, y tercer paso? (Mt. 18:15-16) _____

7. ¿Cómo deberá considerarse finalmente el hermano que rehusa escuchar la amonestación de la iglesia? (Mt. 18:17) ¿Podrá continuar siendo miembro de la iglesia?
_____

8. ¿Qué le da a la iglesia la autoridad de ejercer la disciplina de la iglesia? ¿Estará de acuerdo el Señor Jesús con esta práctica? ¿Estará Jesús presente en estas decisiones disciplinarias?
_____
_____

9. Cuando usted ve a su hermano pecar y pausa para orar por él, ¿Qué debe de hacer ahora? (Mt. 18:15)
_____

10. ¿Qué deberá ser su actitud en momentos de confrontación?
(Ponga un círculo a la respuesta correcta)
  a. odio   b. amor   c. condenación   d. critica

III. ¿QUÉ CREEMOS?

LA BIBLIA: LA PALABRA DE DIOS

A. La Biblia: De Dios a nosotros

1. Revelación   Mt. 16:17

   -Algo descubierto, sin velo, el descubrimiento de algo desconocido

   -Una auto revelación, una revelación especial y revelación progresiva de Dios.

2. Inspiración   2 Ped. 1:21

   -El proceso por el cual escritores movidos por el Espíritu grabaron los escritos del aliento de Dios.

   -Dios usando la cultura, estilo, palabras y la personalidad de los escritores.

3. Canonicidad

   -El canon, un estandarte por el cual algo se mide. Es este caso, el reconocimiento

   y la colección del canon preparado por Dios para Su iglesia.

   > -El Antiguo Testamento: 39 libros
   >
   > -El Nuevo Testamento: 27 libros

4. Transmisión

   -No se sabe que haya originales, no obstante, la crítica textual afirma los autógrafos.

   -Tradición, -palabra profética, copilación por Esdras, autorizado por Jesús, confirmado por el Texto Masorético-700 d.c. y los Rollos del Mar Muerto-250 A.C.- 69 d.c. descubiertos entre 1947 a 1956.

   -Más de 5,000 manuscritos del Nuevo Testamento ya sea completo o de solo una cita.

5. Preservación

   -Dios preservando Su Palabra a través de las distorciones de Satanás (Gen. 3:4; Mt. 4:6-7)

   -Dios preservando Su Palabra a través de los intentos destructivos del hombre (Jer. 36:23)

B. La postura Bíblica

1. Inspiración verbal plenaria   2 Tim. 3:16

   a. Verbal

   -Cada palabra de las Escrituras es el aliento de Dios; "jota o tilde" Mt. 5:18

   b. Plenaria

   -Dios dió expresión plena a las palabras de la Escritura y condujo en lo preciso de cada palabra. Esta inspirada en todas sus partes.

   c. Inspiración

   -El aliento de Dios…revelación directa de Dios.

2. Infalible   Sal. 19:7

   -Es verdad. Es confiable. No miente. No puede engañar o dirigir mal.

3. Inerrante   Prov. 30:5-6

   -Es sus documentos originales…es sin error. Tiene un Dios perfecto como autor.

4. Autoritativa   Sal. 119:89

   a. Es más cortante que una espada de dos filos; es poderosa   Heb. 4:12

   b. Es lo final, es irrevocable… "Dios lo dijo, y así es"

5. Suficiente   2 Tim. 3:16-17

6. Completa   Ap. 22:18-19

C. La advertencia al liberalismo y la apostasía del día presente

-"La Biblia contiene la Palabra de Dios."

-El Sacerdocio del Creyente y la diversidad en el cuerpo de Cristo.

-La libertad académica sin perímetros o estandarte.

-La perspectiva femenina y el igualitarianismo.

LA BIBLIA: LA PALABRA DE DIOS
Pregunta y Respuesta
Meditando en la Palabra de Dios:

Memorice: 2 Tim. 3:16

Los Hechos de los Apóstoles y La Epístola a los Romanos

❏ Cap. 24 ❏ Cap. 25 ❏ Cap. 26 ❏ Cap. 27 ❏ Cap. 28 ❏ Cap. 1 ❏ Cap. 2

1. Algunos dirían que la interpretación conservadora presente de la Biblia es nueva. ¿Será cierto? Considere la declaración del editor fundador y primer secretario de la Junta de Escuela Dominical, J.M. Frost en *Baptist Why and Why No*t, publicado por La Junta de Escuela Dominical, 1900 (citado por David Dockery en *The Doctrine of the Bible*, 1991). "Aceptamos las Escrituras como una regla de fe y práctica toda suficiente e infalible, e insistimos en la inerrancia absoluta y en la autoridad única de la Palabra de Dios." ¿Qué cuatro palabras o expresiones de palabras en lo declarado establecen una interpretación Bíblica de las Escrituras.

a. _____ b. _____

c. _____ d. _____

2. La revelación tiene que ver con lo que _____.

La inspiración tiene que ver con lo que Dios hace en la vida de _____

_____

3. ¿Cuántos libros contiene la Biblia? _____

4. De acuerdo a 2 Timoteo 3:16, la Palabra de Dios es buena para…

a. _____

b. _____

c. _____

d. _____

5. De acuerdo a 2 Pedro 1:21, los profetas de antaño hablaron según _____

_____

6. ¿Qué puede hacer la Palabra de Dios que no es posible con otro libro? (Heb. 4:12)

_____

7. Considere la descripción de la Palabra de Dios, Salmo 19:7-9

"La ley de Jehová es _____."

"…el testimonio de Jehová es _____."

"Los mandamientos de Jehová son _____."

"El precepto de Jehová es _____."

"Los juicios de Jehová son _____."

8. ¿Será cada palabra, letra o marca en la Palabra de Dios importante? (Mt. 5:18)

❏ Sí ❏ No Explique: _____

_____

53

LA DOCTRINA DE LA TRINIDAD Y LA DOCTRINA DE DIOS EL PADRE

A. La existencia de Dios
1. Su existencia se presupone en las Escrituras sin explicación.   Gén. 1:1
2. Su existencia es intuitiva e innato a todo ser humano.   Ro. 1:19
3. Su existencia es declarada en la creación.   Ro. 1:20

B. La Unidad de Dios
1. En Su naturaleza…uno, Su divina naturaleza sin división   Deut. 4:35,39
no puede ser dividido.   (Mr. 12:29-32; Jn. 17:3; 1 Cor. 8:4-6)
2. En escencia… o substancia…Dios.
3. En atributos…eterno, omnipresente, omnisciente, omnipotente, e inmutable
(Jn. 1:1; Ef. 1:2, 3; Jn. 4:29; Ap. 1:8; Heb. 13:8)

C. La Trinidad de Dios
-La palabra "trinidad" no está en la Biblia, no obstante se conoce sólo por revelación
1. Tres distintas personalidades de la Trinidad
-Dios el Padre, Dios el Hijo, y Dios el Espíritu Santo   Mt. 28:19
-Una referencia al Espíritu Santo (Nu. 27:18; Sal. 51:11)
-Una referencia al Ángel de Jehová o al Cristo preencarnado   Gén. 16:7
2. Tres distintas funciones de la Trinidad
-El Padre envía al Hijo, el Hijo muere en la cruz y el Espíritu Santo bautiza
y llena con Su presencia.   (Jn. 3:16; Lc. 23:33; Hch. 2:2; 4:8)
3. El proceso consistente de la Trinidad   Jn. 15:26
-El Espíritu es enviado por el Padre y por el Hijo
-El Espíritu procede del Padre
4. Las declaraciones e insinuaciones de la Trinidad
a. Las insinuaciones de la Trinidad en el Antiguo Testamento
-La unidad y la pluralidad de la Plenitud de Dios   Gén. 1:1, 26
-La referencia al Padre y al Hijo   Sal. 2:7
b. La declaración de la Trinidad en el Nuevo Testamento
-El mismo Espíritu, el mismo Señor, el mismo Dios…"   1 Co. 12:4-6
-La bendición apostólica   2 Co. 13:14
-El bautismo de Jesús   Mt. 3:16-17

D. Dios el Padre
1. Él es la primera persona en la Trinidad.
2. Él es reconocido como Dios, "de Dios el Padre."   Ro. 1:7
3. Él es el Padre de nuestro Señor Jesucristo.   Mt. 11:25
-El Padre envió a Su Hijo   Jn. 3:17
-El Padre conoce y ama a Su Hijo   Mt. 11:27
-El Padre honra al Hijo   Mt. 3:16
4. Él es el Padre de todos los que creen en Su Hijo Jesucristo.   Mt. 6:9

E. La enseñanza falsa sobre Dios
-Querer hacer que la enseñanza sobre la Trinidad se acople a una ilustración terrenal.
-Modalismo – el movimiento "Sólo Jesús," La Iglesia Pentecostal Unida, etc.

LA DOCTRINA DE LA TRINIDAD
Y LA DOCTRINA DE DIOS EL PADRE

Pregunta y Respuesta
Meditando en la Palabra de Dios:

Memorice: 2 Cor. 13:14

La Epístola a los Romanos

❑ Cap. 3   ❑ Cap. 4   ❑ Cap. 5   ❑ Cap. 6   ❑ Cap. 7   ❑ Cap. 8   ❑ Cap. 9

1. Romanos 1:19-20 declara que aún la _____ declara la deidad y el poder de Dios. Este es el argumento cosmológico para la existencia de Dios.

2. Dios habla de sí mismo usando el pronombre _____ en Génesis 1:26 y en Génesis 3:22.

3. Cuando Juan 3:16 hace referencia a Dios, ¿A qué persona del Dios Trino se refiere?
_____

4. Cuando Jesús fue bautizado, Mateo 3:16-17, el versículo hace referencia a las tres personas del Dios Trino. El Hijo, Jesús, fue _____ el Espíritu Santo desciende en forma de _____ y _____ habla del cielo.

5. Dios anuncia a Israel que ella servirá a sólo _____ Dios. (Deut. 6:4)

6. Jesús habló de Dios y se refirió a Él como Dios _____ (Jn. 13:31-32)

7. La gloria y la doxología máxima será para Dios el _____ (Jn. 17:1,4)

8. El movimiento de "Sólo Jesús" dice que Jesús es Dios el Padre y que el Espíritu Santo es la manifestación de Jesús.   ❑ Verdadero   ❑ Falso

9. ¿Qué persona del Dios Trino fue necesario en la vida de Josué? (Nu. 27:18)
_____

10. ¿Por qué será deshonesto que un hombre diga que es ateo? (Ro. 1:19) _____
_____

11. Toda bendición viene a nosotros de Dios el _____ a través de Dios el _____. (Ef. 1:3-6)

LA DOCTRINA DE DIOS EL HIJO

A. La deidad de Jesús

-La Segunda Persona de la Trinidad, Su preexistencia, Creador | Jn. 17:5

-Las teofanías del Antiguo Testamento, "el Ángel de Jehová" | Jos. 5:14

B. Las dos naturalezas de Jesús

1. Totalmente Dios

-Se le llama Dios | Jn. 1:1

-Posee Sus atributos, su igualdad con Dios, Sus obras, Sus nombres y descripciones
     (Mt. 9:4; Fil. 2:6; Col. 1:16; Miq. 5:2)

2. Totalmente hombre

-Se le llamó hombre | Jn. 1:14

-Posee características humanas: hambre, cansancio, dormir, sufrir, muerte
     (Mt. 4:2; Jn. 4:6; 8:24; Lc. 22:44; Jn. 19:30-34)

3. La unión de las dos naturalezas

-El Dios-hombre, sin división | Col. 2:9

4. Puso a un lado las prerrogativas de gloria: (Gr.) *kenosis* | Fil. 2:5-8

C. Las obras de Jesús

1. Su nacimiento milagroso: nació de una virgen | Is. 7:14

-Es Dios en la carne | Jn. 1:14

2. Su muerte

a. Voluntaria | Jn. 10:15

b. Substitucionaria | 1 Ped. 2:24

c. Propiciatoria | Ro. 3:25

d. Redentora | Ro. 3:24

3. Su resurrección

a. Fue predicha por Cristo | Mt. 17:23

b. Fue física y corporal | 1 Co. 15:4-7

4. Su ascensión

a. Fue física y corporal | Hch. 1:9-11

b. Ahora es mediador como nuestro Abogado y Sumo Sacerdote | Heb. 7:25-26

5. Su venida por Su Iglesia | 1 Ts. 4:17

6. Su Segunda Venida | Mt. 25:31-46

7. Su reino milenario | Ap. 20:1-2

8. Su papel como Juez de todos

a. De creyentes, en el Tribunal de Cristo | 1 Co. 3:10-15

b. De inconversos, en el Gran Trono Blanco | Ap. 20:11-15

9. Su exaltación | Fil. 2:9-11

D. Las enseñanzas falsas sobre Jesús

-Otro evangelio…por lo tanto, otro Jesús…por lo tanto, herejía

1. El Jesús del Catolicismo Romano: Es inefectivo y necesita ayuda.
2. El Jesús de los Testigos de Jehová: Es un hombre y no también Dios.
3. El Jesús del Mormonismo: Es el hermano de Lucifer.
4. El Jesús de la Ciencia Cristiana /Gnosticismo: No vino en la carne.
5. El Jesús del Islamismo: Es un profeta, pero no es el eterno Hijo de Dios.

LA DOCTRINA DE DIOS EL HIJO
Pregunta y Respuesta
Meditando en la Palabra de Dios:

Memorice: Jn. 1:1-3, 14

La Epístola a los Romanos

❏ Cap. 10 ❏ Cap. 11 ❏ Cap. 12 ❏ Cap. 13 ❏ Cap. 14 ❏ Cap. 15 ❏ Cap. 16

1. Si una teofanía es una aparición del Cristo preencarnado, ¿Cuáles citas, de las siguientes, presentan una teofanía? (Tache esos pasajes)

    ❏ Dan. 8:16   ❏ Dan. 9:21

    ❏ Gén. 16:7   ❏ Jos. 5:14

2. De acuerdo a Juan 1:1-3, Jesús fue el _____ que estaba con Dios, que era Dios. Este Verbo (v.14) fue hecho _____.
Por lo tanto, Jesús es totalmente Dios y totalmente hombre.

3. Seicientos años antes de Cristo, el profeta Isaías, (Is. 7:14) llamó a Jesucristo _____ que traducido es "Dios con nosotros."

4. La preexistencia de Jesús se ve claramente en Colosenses 1:17 en dos formas::
    a. _____
    b. _____

5. Considere las limitaciones y las características humanas de Jesús, en:
    -Mt. 4:2   Él tuvo _____
    -Jn. 19:28   Él tuvo _____
    -Jn. 19:30   Él _____

6. Si Jesús puso a un lado las prerrogativas de Gloria y los privilegios de majestad,
    ¿Querrá decir que fue menos que Dios? ❏ Sí ❏ No Explique: _____
_____

7. Jesús tomó el lugar de una humanidad inconversa. Isaías 53:5-6 usa el pronombre _____ para declarar que Él llegó a ser substituto.

8. La Palabra de Dios nos enseña que 1 Corintios 15:22, que así como Cristo se levantó de los muertos, nosotros también _____ por fe en Él.

9. Dos ángeles hablaron a los discípulos después de la ascensión de Cristo y les dijeron que el mismo Jesús que había sido tomado al cielo vendrá "de la misma manera." (Hch. 1:11, RVA) ¿Querrá decir ésto que vendrá corporalmente? ❏ Sí ❏ No

10. ¿Qué está haciendo Jesús en el cielo?
    -Heb. 7:25 Él está _____ por nosotros.
    -Jn. 14:2   Él se fue al _____ a preparar lugar para nosotros.

LA DOCTRINA DE DIOS EL ESPÍRITU SANTO

A. La deidad del Espíritu Santo
1. La Tercera Persona de la Trinidad, igualdad con Dios   Mt. 28:19
2. A Él se le llama Dios   Hch. 5:3-4
3. Él posee los atributos de Dios.

   -Amor, santidad, eterno, omnipotencia, omnisciencia, omnipresencia
   (Ro. 15:30; Ef. 4:30; Heb. 9:14; Lc. 1:35; Is. 40:13-14; Sal. 139:7-10)
4. Sus obras son las obras de Dios.

   -Creador, profecía, resurrección
   (Job 33:4; 2 Sam. 23:2-3; Ro. 8:11)

B. La personalidad del Espíritu Santo
1. Él tiene intelecto   1 Co. 2:10-13
2. Él tiene emociones   Ef. 4:30
3. Él tiene voluntad   1 Co. 12:11

C. Las obras del Espíritu Santo con relación a la Iglesia
1. Él vino para iniciar y darle poder a la Iglesia   Hch. 2:2-4
2. Él vino para darle a la Iglesia la revelación   2 Ped. 1:19-21
3. Él vino a edificar a la Iglesia   1 Co. 12:4-11

D. Las obras del Espíritu Santo con relación al creyente
1. Él regenera/da vida   Ef. 2:1
2. Él redargüye   Jn. 16:8
3. Él da fe   2 Co. 4:13
4. Él bautiza   1 Co. 12:13
5. Él mora   Ro. 8:9-11
6. Él sella   Ef. 1:13
7. Él santifica y transforma   2 Co. 3:18
8. Él llena   Ef. 5:18
9. Él enseña e ilumina   Jn. 14:26
10. Él guia   Hch. 16:6-7
11. Él testifica   Jn. 15:26
12. Él asegura   Ro. 8:15-16
13. Él intercede   Ro. 8:26
14. Él preserva   1 Ped. 1:5
15. Él viene a la par y ayuda/ El Consolador   Jn. 14:16
16. Él equipa

E. La enseñanza falsa sobre el Espíritu Santo
1. La enseñanza del movimiento Pentecostal/Carismático

   -Enfocando la alabanza en el Espíritu Santo
   -Igualar los gemidos intercesores del Espíritu Santo a hablar en lenguas.
   -Considerar el bautismo del Espíritu Santo como una experiencia secundaria y no
    como algo que se lleva acabo en el momento de salvación.
2. El movimiento de "Sólo Jesús": El Espíritu Santo es una manifestación de Jesús.
3. Los Testigos de Jehová: El Espíritu Santo es una fuerza activa y no es personal.

58

LA DOCTRINA DE DIOS EL ESPÍRITU SANTO

Pregunta y Respuesta

Meditando en la Palabra de Dios:

Memorice: Ef. 1:13

La Primera Epístola a los Corintios

❏ Cap. 1   ❏ Cap. 2   ❏ Cap. 3   ❏ Cap. 4   ❏ Cap. 5   ❏ Cap. 6   ❏ Cap. 7

1. Desde el principio de la creación (Gén. 1:2) encontramos al _____ _____ sobre las aguas.

2. Primera de Corintios 2:10 enseña que el Espíritu Santo ejerce dos funciones:

a. _____

b. _____

3. ¿Podrá ser entristecido el Espíritu Santo? (Ef. 4:30)   ❏ Sí   ❏ No

4. Al Espíritu Santo se le llama (Gr.) *paraklaytos*, ayuda o _____. (Jn. 14:26)

5. En Jn. 16:14 el Espíritu Santo glorifica al _____ (Jn. 16:4)

¿Qué sucede si el pueblo escoge glorificar al Espíritu Santo? _____ _____

6. Cuando una persona está sin Cristo él está espiritualmente muerto. (Ef. 2:1) No obstante, cuando la misma persona confiesa a Jesucristo como el Señor de su vida, el Espíritu Santo

_____

7. Segunda de Corintios 4:13 enseña que el Espíritu Santo _____ a creer en Jesús.,

8. El Espíritu Santo es la garantía que somos propiedad de Jesucristo desde que Él nos

_____

9. La Biblia enseña que el Espíritu Santo _____ por nosotros. (Ro. 8:26)

10. El _____ _____ nos da dones espirituales que pueden ser usados en la edificación del cuerpo de Cristo. (1 Co. 12:7)

LA DOCTRINA DEL HOMBRE

A. El origen del hombre
1. Su creación
   - -Ambiente perfecto, hombre perfecto y con disposición perfecta — Gén. 1:31
   - -El hombre fue hecho de polvo, — Gén. 1:27
   - -Al hombre fue dado el aliento de la vida — Gén 2:7
2. Creado a la imagen de Dios
   a. Intelecto – el poder del alma de pensar
   b. Emociones – el poder del alma de sentir
   c. Voluntad o volición – el poder del alma de escoger
3. Su gloria original — Sal. 8:5-8
4. Fue creado para adorar a Dios — Col. 1:16

B. La unidad de la raza
1. Un par singular de padres: Adán y Eva — Gén. 3:20
2. Adán y Eva tuvieron hijos e hijas — Gén. 5:4
3. Después del diluvio, los hijos de Noé: Sem, Cam y Jafet. — Gén. 10:1

C. Los tres elementos del hombre — 1 Ts. 5:23
1. Espíritu – la parte del hombre que le permite una relación personal con Dios.
2. Alma – la parte del hombre que piensa, siente y escoge
3. Cuerpo – la parte física del hombre

D. La caída del hombre
1. La tentación y caída — Gén. 3:1-6
   - -El pecado de los ojos, el pecado de la carne y la vanagloria de la vida.
2. Los efectos del pecado sobre Adán y Eva
   a. Muerte física – empezaron a morir físicamente — Gén. 2:17
   b. Muerte espiritual – separación de una relación con Dios y finalmente la separación del alma de Dios. — Is. 59:2
   c. Culpa y vergüenza – se cubrieron con hojas de higuera — Gén. 3:7
   d. Temor – se escondieron porque tuvieron miedo. — Gén. 3:8-10
   e. Consciencia – Adán y Eva entendieron que estaban desnudos — Gén. 3:7,11
3. Las maldiciones — Gén. 3:14-19
   a. A la serpiente – degradación y polvo
   b. A la mujer – dolor en el parto y el deseo de enseñorarse del hombre
   c. Al hombre – angustia y sudor
   d. A la creación – espinos y cardos
4. Los efectos a toda la humanidad — Ro. 5:12
   - -La imputación del pecado fue universal — Ro. 3:10,12
   - -La depravación total, con excepción de la imagen de Dios — Is. 53:3,6

E. La única esperanza para el hombre
1. Una solución divina: El Cordero de Dios — 2 Co. 5:21
2. La gracia de Dios a través de Jesucristo. — Ro. 6:23

F. La enseñanza falsa sobre el Hombre
1. La evolución: El hombre es el resultado de una Generación Espontanea
2. El movimiento de la Nueva Era: El hombre puede llegar a ser Dios.
3. Mormonismo: La pre-existencia del alma.

LA DOCTRINA DEL HOMBRE

Pregunta y Respuesta

Meditando en la Palabra de Dios:

Memorice: Is. 59:2

La Primera Epístola a los Corintios

❏ Cap. 8   ❏ Cap. 9   ❏ Cap. 10   ❏ Cap. 11   ❏ Cap. 12   ❏ Cap. 13   ❏ Cap. 14

1. El hombre fue creado en el _____ día. (Gén. 1:31)

2. El hombre posee intelecto, voluntad y emoción que conprueba que fue hecho a la

_____ de Dios. (Gén. 1:27)

3. No pudieran haber habitantes en la tierra antes de Adán y Eva, porque la Biblia declara (Gén. 3:20) que

Eva es la _____ de todos los vivientes.

4. El hombre fue creado originalmente con espíritu, que le relaciona con Dios. Fue creado con

_____ que le relaciona con el hombre, con cuerpo.

5. ¿Cuál capítulo de Génesis declara el pecado original? _____

6. ¿Tuvieron Adán y Eva solo tres hijos, Abel, Caín y Set? (Gén. 5:4)

7. Algunos teólogos llaman la primera dispensación la Era de la Inocencia, porque el hombre no demostró

_____ hasta que el hombre pecó.

(Gén. 3:7-8, 11)

8. ¿Cuándo empezó el temor? (Gén. 3:10) _____

9. Cuando Adán y Eva pecaron, ¿A quién buscaba Dios? (Gén. 3:9) _____

10. ¿Por qué nace ahora toda la humanidad en pecado? (Ro. 5:12)

_____

11. ¿Cuál es el papel de Cristo en la reconcilación del hombre a Dios? (2 Co. 5:21)

_____

LA DOCTRINA DE LA SALVACIÓN

A. Elección
-Definición: Una obra soberana de Dios donde Él escoge aquellos que
serán salvos; Él no estaba bajo ninguna obligación de escoger a ninguno.
-Predestinación/predeterminación/presciencia – una experiencia de
amor en las eternidades pasadas
-Un acto de gracia. Escogido por los méritos de otro – "en Cristo."
-No basada en la respuesta futura de la persona; no basada en obras
-No predestinación doble

Ef. 1:4-5

Ro. 8:29-30

Ro. 11:5-6

B. El llamado
-Definición: Un acto de Dios donde el hombre es invitado a recibir a Cristo por
fe.El llamado general
   -Todos los hombres son invitados. El hombre tiene libre albedrío
2. El llamado específico
   -Es el llamado de elección. Es eficaz.

Mt. 11:28

Lc. 14:23

C. Regeneración
-Definición: Un acto de Dios donde Él da vida al espíritu del hombre
-Es instantaneo. Realizado sólo por el poder de Dios

Ef. 2:1

D. Conversión
-Definición: La respuesta del hombre después de que se le ha dado la capacidad
de creer por el poder regenerador del Espíritu Santo
-La persona se torna a Dios por fe…es fe que proviene de Dios.
-La persona es salva por fe.

2 Ped. 1:1
Hch. 16:31

E. Arrepentimiento
-Definición: Un cambio de mente; crucial a la salvación
   -La persona debe saber que está perdida y necesita un Salvador.

Lc. 15:17-19
Hch. 17:30

F. Justificación
-Definición: Un acto judicial de Dios donde Él declara justo a aquellos
que, por fe en Cristo, se arrepienten de sus pecados y confiesan a Jesús
como Señor (Hch. 2:38; Ro. 3:26; Ro. 10:9-10).
-Es un acto que se lleva acabo una vez y para siempre.
   -Es la imputación de justicia divina declarada sobre el hombre por Dios.

1 Co.1:30

G. Santificación
-Definición: Un acto inicial de Dios donde Él separa a la persona
del pecado y empieza un proceso de santidad en ella.
1. Es instantaneo; es posicional
2. Es progresiva
   -El creyente es acercado a la imagen de Cristo

1 Co. 6:11

1 Co. 1:2
2 Co. 3:18
Jn. 17:17,19

H. Glorificación
-Definición: Un acto de Dios donde Él redime al creyente de este
mundo y lo perfecciona físicamente y espiritualmente.

Ro. 8:23,30
Fil. 3:20-21

I. Enseñanza falsa sobre la Salvación
-Universalismo: La enseñanza que todos finalmente serán salvos.
-La salvación por medio de las obras: Salvación por guardar los sacramentos o por obras de
justicia; La Masonería – la piel del cordero para admisión a la Logia Celestial

LA DOCTRINA DE LA SALVACIÓN

Pregunta y Respuesta

Meditando en la Palabra de Dios:

Memorice: Ro. 8:29-30

La Primera Epístola a los Corintios y la Segunda Epístola a los Corintios

❏ Cap. 16   ❏ Cap. 1   ❏ Cap. 2   ❏ Cap. 3   ❏ Cap. 4   ❏ Cap. 5   ❏ Cap. 6

1. ¿Podrá la elección y el libre albedrío ser reconciliados?   ❏ Sí   ❏ No

Explique: _____

_____

2. ¿Nos escogió Dios basándose en el hecho de que Él sabía que íbamos a confesar a

Jesucristo como el Salvador de nuestras vidas? (Ro. 11:5-6)   ❏ Sí   ❏ No

Explique: _____

_____

3. ¿Hay un llamado del Señor a un ministerio geográfico, como también hay un llamado

a salvación? (Hch. 16:10; Ro. 8:30)   ❏ Verdad   ❏ Falsedad   Explique: _____

_____

_____

4. Cuándo sucede la regeneración en una persona, ¿El alma es vivificada?

(Ef. 2:1)   ❏ Sí   ❏ No   Explique: _____

_____

5. Si el Hijo Prodigo hubiera sido inconverso, ¿Qué le sucedió en (Lucas 15:17-19)?

(Subraye la respuesta correcta)

a. Se arrepintió   b. Fue redargüido   c. Se convirtió   d. Todo lo mencionado

6. Considere los factores cruciales de la Doctrina de la Salvación: (Ro. 8:30)

"Y a los que _____, a éstos también _____;

y a los _____, a éstos también _____;

y los que _____, a éstos también _____."

7. La Biblia dice que Dios continúa santificándonos por _____

(Ro. 15:16).

8. Una persona es justificado por sencillamente arrepentirse de sus pecados y confesar a

Jesucristo como Señor.   ❏ Sí   ❏ No   Explique: _____

_____

9. Una persona puede perder su salvación si muere sin confesar sus pecados? (Ro. 8:1)

_____

63

LA DOCTRINA DE LAS ÚLTIMAS COSAS

A. El Rapto de la Iglesia   1 Ts. 4:15-17

-El mayor evento siguiente…éste debe suceder antes de la Tribulación

   -El regreso personal corporal de Cristo en el aire

   -El (Gr.) harpazo – el arrebatamiento de la Iglesia

   (Jn. 14:1-3; 1 Co. 15:51-53); la primera resurrección…reunión en el aire

-El Tribunal de Cristo

   -El juicio solamente para creyentes   2 Co. 5:10

   -Los creyentes recibiendo galardón de acuerdo a sus obras   1 Co. 3:11-15

B. La Gran Tribulación   Mt. 24:21

-"La Angustia de Jacob"/ "el fin del tiempo de los Gentiles"

-Los creyentes son removidos de la tierra, (aunque muchos pondrán su fe en

   Cristo durante la tribulación…el martirio será requisito para ser redimido).

C. Siete años: 3$\frac{1}{2}$ años relativamente buenos y 3$\frac{1}{2}$ años malos   Dan. 9:27

D. La revelación del Anticristo a mediados de la Tribulación   2 Ts. 2:7-9

   -El hombre de pecado, la bestia, la iniquidad   Ap. 13:1-18

E. El falso profeta del Anticristo   Ap. 13:11-15

F. El gran avivamiento en la tierra. Los 144,000 testigos Judios   Ap. 7:4-10

G. El juicio justo de Dios derramado sobre la tierra   Ap. 6-17

H. La Batalla del Armagedón   Ap. 16:16

   -La gran cena de Dios   Ap. 19:17-18

I. La Segunda Venida de Cristo   Mt. 24:29-31

   -"…el día del Señor…el ladrón de noche." – día de miseria   1 Ts. 5:2

   -Cristo regresaron Su ejército y con los creyentes   Ap. 19:11-21

J. El Reino Milenario   Is. 11:1-9

   -Satanás será atado por mil años.   Ap. 20:1-3

   -Se establece el reino de Cristo sobre la tierra por mil años   Ap. 20:4-6

   -Israel es restaurada a su tierra; la maldición es removida   Is. 65:17-25

   -Un periodo de armonía, justicia, paz y rectitud   Zac. 8:1-17

   -Al final Satanás es soltado   Ap. 20:7-9

K. El Juicio del Gran Trono Blanco   Ap. 20:10-15

   -El juicio del inconverso; también se le llama la segunda resurrección

   -El Diablo, el Anticristo y el falso profeta – el Lago de Fuego   Ap. 20:10

   -Los libros son abiertos.   Ap. 20:12

   -El Libro de la Vida/ El Libro de la Vida del Cordero   Ap. 21:27

   -El juicio y el castigo eterno y el Lago de Fuego   Ap. 20:14-15

   -La destrucción de la tierra   2 Ped. 3:10

G. El Nuevo Cielo y La Nueva Tierra/ La Nueva Jerusalén Ap. 21-22

H. La enseñanza falsa sobre la Doctrina de las Últimas Cosas

   -Fijando fechas al Rapto o a la Segunda Venida de Cristo

   -Apariciones de una variedad de cristos alrededor del mundo.

   -Dogma sin base Bíblica, sólo basado en especulación.

LA DOCTRINA DE LAS ÚLTIMAS COSAS
Pregunta y Respuesta
Meditando en la Palabra de Dios:

Memorice: Ap. 21:6-7
La Segunda Epístola de Corintios
  ❏ Cap. 7   ❏ Cap. 8   ❏ Cap. 9   ❏ Cap. 10   ❏ Cap. 11   ❏ Cap. 12   ❏ Cap. 13

Este Manual de Discipulado PRIMEROS PASOS le ha llevado desde la lectura del Evangelio de Mateo hasta la Segunda Epístola de Corintios incluyendo dos lecturas sobre el Evangelio de Juán. Ahora, continúe leyendo todo el Nuevo Testamento. Cuando termine el Nuevo Testamento empiece otra vez. Pero, ahora empiece leyendo el Antiguo Testamento…un capítulo del Nuevo y un capítulo del Antiguo. Esto le permitirá leer toda la Biblia en tres años. Si prefiere leer la Biblia en un año, lea tres capítulos en el Antiguo Testamento y uno el Nuevo Testamento. Hágalo cada día. Permita que "La palabra de Cristo more en abundancia en vosotros…" (Col. 3:16)

1. De acuerdo a 1 Tesalonicenses 4:16, ¿Quién será resucitado primero en el rapto de la Iglesia?
_____

2. La Gran Tribulación es un periodo de _____ años. Se llevará a cabo después
de que la _____ es "arrebatada" de la tierra. (1 Ts. 4:17)

3. ¿Qué tres características pueden discernirse del Anticristo en Apocalipsis 13:1-9?
  a. _____
  b. _____
  c. _____

4. La Batalla del Armagedón mencionada en Apocalipsis 16:14-16 es una batalla entre
"_____, y los reyes de la tierra y _____
_____, reunidos para guerrear contra el que
montaba el caballo, y contra su ejército." (Ap. 19:19)

5. ¿Será la "cena del gran Dios" en Ap. 19:17-18 intencionada como para un gran tiempo de compañerismo
con Dios? ❏ Sí ❏ No

6. La referencia al "ladrón de noche" es una referencia al rapto de la Iglesia.
(1 Ts. 5:2) ❏ Verdad ❏ Falsedad   Explique: _____
_____

7. El Reino Milenario de Cristo empezará inmediatamente después de la Segunda Venida de Cristo?
(Ap. 19:17-20:4) ❏ Verdad ❏ Falsedad

8. La Biblia habla de dos resurrecciones:
  a. La primera resurrección es una resurrección de vida. (Ap. 20:5-6)
  b. La segunda resurrección es de _____

65

APÉNDICES

Apéndice I
MEDITANDO EN LA PALABRA DE DIOS

El mandato y práctica de meditación en la palabra de Dios claramente se encuentra en la Biblia. El primer desafió del Salmista (Sal.1) se enfoca en la bendición de meditar en la palabra de Dios. Claramente es algo que tiene que escogerse, no obstante, el Salmista insiste que la meditación es constante: "de día y de noche." Una convicción adicional es que ha de ser una de las primeras actividades del día (Sal. 5:1-3)…por la mañana. Algunos lo equivalen a la idea de, "Mas busca primeramente el reino de Dios…" (Mt. 6:33).

Algunas veces las mañanas no estarán disponibles para la meditación en la palabra de Dios, de cualquier manera, el desafió es de hacerlo a la hora más temprana.

¿Cómo puede llevarse acabo la meditación en la palabra de Dios?

1. **Enfoquese**…en un tiempo deliberado, puro, sin interrupciones para meditar en la palabra de Dios. Éste demandará convicción, sensibilidad y un deseo de estar a solas literalmente es separación…un deseo de estar a solas con Dios. Quizás demande que usted aconseje a los que le rodean de sus intenciones.

2. **Lea**…la Biblia (si usted es creyente nuevo empiece leyendo el Evangelio de Juan). La Biblia en sí declara bendición por sólo leer la Biblia (Apoc. 1:3). Lea algunos versículos, lea algunos capítulos o lea todo un libro.

3. **Piense**…de o contemple lo que ha leído. Considere lo que viene antes, lo que viene después, considere el contexto, considere el autor, etc.

   Al pensar en el pasaje:

   a. Léalo otra vez. Léalo otra vez. Léalo otra vez.

   b. Dígalo en paráfrasis. Dígalo en sus propias palabras.

   c. Personalícelo…actúe como si las palabras fueron escritas para usted.

   > Ro. 6:1 "¿Qué, pues, diremos? ¿Perseveraremos en el pecado para que la gracia abunde?"
   >
   > Personalizado: ¿Qué, pues haré? ¿Perseveraré en el pecado para que la gracia abunde?

   d. Enfatice distintas palabras en el pasaje.

   > Mt. 4:4 "…No sólo de pan vivirá el hombre…"
   >
   > "…No sólo de pan vivirá el hombre…"
   >
   > "…No sólo de pan vivirá el hombre…"

   e. ¿Habrá algunas palabras en el pasaje que deban de definirse?

   f. Piense sobre lo que ha leido a través del día. Considere las promesas o las verdades que ha entendido. Atrévase a recitar lo que leyó.

4. **Escuche**…¿Estará Dios el Espíritu Santo diciendole algo a su espíritu ?

5. **Memorice**…una Escritura seleccionada. Memorice la promesa que entendió.

   Memorice la porción que llegó a ser específicamente significante.

6. **Ore**…la Escritura a Dios.

   > Fil. 4:13 "Todo lo puedo en Cristo que me fortalece."
   >
   > Oración: "Padre nuestro que estás en los cielos, creo en tu Palabra que me dice que todo lo puedo en Cristo que me fortalece. Señor ayudame a recordar esta verdad cada día…"

CRECIENDO EN SU VIDA DE ORACIÓN

A. Desarrollando una vida diaria de oración

1. Su tiempo diario de oración debería de ser un seguimiento inmediato a su tiempo en la Palabra de Dios (Apéndice I). Establezca la convicción de empezar cada día en la Palabra y en oración. Prepárese para este encuentro divino. Establezca la convicción de irse a dormir temprano, después de todo, su cita más importante es temprano al siguiente día. Procure dormir por lo menos ocho horas recuerde que el maligno ha distraído a los creyentes en la noche con programación de televisión o con actividades fuera de disciplina. Al amanecer, empiece con cumplir con toda necesidad biológica que pueda perturbarle. Escoja una postura que le permita estar alerta y despierto (el sofá o el reclinador usualmente son muy suaves y pueden motivar el sueño). Avise a los miembros de su familia lo que está haciendo temprano por la mañana o cuando sea el tiempo de su devocional.

2. Tenga su diario de oración listo, una tableta de escribir, y un lápiz o pluma. La tableta es para anotar preocupaciones ("la lista de los que haceres") que siguen llegando a la mente mientras ora. El diario de oración es para escribir las peticiones, iluminación Bíblica y las urgencias del Espíritu Santo; aprenda a escuchar a Dios…y anótelo.

B. Una guía de oración

Diríjase al Padre celestial en el nombre de Jesucristo.

1. Adore y alabe al Padre y a Su Hijo el Señor Jesucristo. (Mt. 6:9)

   -Alabe al Padre y/o alabe al Hijo…el Padre es exaltado en el Hijo.

   -Mejore su alabanza al incorporar nombres de Jesús o declaraciones del Hijo en pasajes tal como (Col. 1:15-19; Heb. 1:2-3)

   -Incorpore otros pasajes Bíblicos que utilicen alabanza a Dios.

2. Dele gracias a Dios y exprese su gratitud. (Sal. 103:1-5)

3. Confíese sus pecados. (1 Jn. 1:9)

4. Escuche al Señor. (1 R. 19:12b)

5. Ore por su familia inmediata.

6. Ore por su persona.

7. Ore por su iglesia local.

   -El Pastor Rector, el Equipo Pastoral, Diáconos, Equipo Administrativo, ministerios, proyectos de la iglesia, actividades de la iglesia, visión de la iglesia, etc.

   -Miembros de la iglesia y peticiones específicas.

8. Ore por la iglesia a nivel mundial

   -Esfuerzos misioneros y evangelísticos o siervos a nivel mundial, enfoques denominacionales, esfuerzos nacionales e internacionales

9. Ore por obreros. (Mt. 9:38)

10. Ore por la paz de Jerusalén. (Sal. 122:6)

11. Ore por la gente que necesita ser salva. (1 Tim. 2:1)

12. Ore por los que están en autoridad. (1 Tim. 2:2)

13. Ore por sus enemigos. (Lc. 6:28)

14. ¡Alabe al Señor y exalte Su nombre ! (Mt. 6:13)

Apéndice II

C. Desarrolle la convicción de ayunar.

-El ayuno es el abstenerse de comida o agua por razones espirituales.

-El ayuno se hacía en el Antiguo Testamento y en el Nuevo Testamento en vista de situaciones difíciles, del enemigo o en busca de la intervención de Dios.

-Jesús ayunó. Sus discípulos comenzaron a ayunar después de Su ascención. El apóstol Pablo ayunó seguido.

-El ayuno es una práctica definitiva de nuestro día.

-Para empezar a ayunar, conozca su cuerpo. Si usted padece de problemas estomacales, irregularidades del corazón, problemas de presión de sangre, o migrañas agudas, el abstenerse de comida como un ayuno no es recomendable o sabio.

-Empiece a ayunar despacio…establezca la razón por el ayuno y el tiempo del ayuno. Para empezar, absténgase de un alimento por semana por tres semanas consecutivas. Éste es un buen modo de empezar. Los ciclos del cuerpo y/o su metabolismo comenzará a ajustarse.

-Los tipos de ayuno varían: Ayunos sin comida o sin agua son recomendables por solo un día a la vez. Hay ayunos sin comida con agua, ayunos de legumbres, jugos y agua y otros tipos de abstinencia de una variedad de cosas (especialmente para personas que no pueden ayunar ingiriendo alimento).

-Establezca por lo menos un ayuno por semana.

D. Entienda el poder de Dios a través de la oración corporativa.

1. Esta era la fuerza de la iglesia del primer siglo.

-Hch. 2:1 – Diez días de oración extraordinaria, en un lugar, unidos, de acuerdo…y descendió el Espíritu Santo

-Hch. 12:5 – la iglesia unida, en un lugar, en oración sin cesar y un ángel milagrosamente libró a Pedro de la cárcel

-Hch. 13:2 – la iglesia unida ayunando y el movimiento de misiones empezó en Antioquía.

2. El poder de estar de acuerdo (Mt. 18:19)

3. Esto llegó a ser la semilla del Gran Despertamiento en las iglesias de la Nueva Inglaterra (1734-1744) Jonatán Edwards (1703-1758) especificó lo necesario:

(1) oración extraordinaria, (2) acuerdo explícito, (3) unión visible

4. Considere la fuerza de la iglesia contemporánea Coreana

-Oración corporativa matutina diaria 4:00 a.m., 5:00 a.m., 6:00 a.m.

-Vigilias de Oración semanales y Retiros de Montañas de Oración con auditorios y grutas.

E. Incorpore oraciones de la Biblia en su tiempo de oración.

-Ore por la paz de Jerusalén. (Sal. 122:6)

-Ore por la paz de la ciudad. (Jer. 29:7)

-Ore por obreros. (Mt. 9:37-38)

-Ore por los que le calumnien (Lc. 6:28)

-Ore por todos los hombres (1 Tim. 2:1)

-Ore por los que están en autoridad. (1 Tim. 2:2)

-Ore por los siervos de Dios. (2 Ts. 3:1)

F. Utilice las Escrituras en la oración y ore las Escrituras en retorno a Dios.

-Hay muchas Escrituras que dirán exáctamente lo que usted quiere pedir del Señor, por ejemplo, muchos de los Salmos (Sal. 3; 5; 6; 7; 8, etc.)

-Algunas Escrituras necesitan ser personalizadas, mientras que otras ya estarán personalizadas, por ejemplo, (Job 1:10; Mt. 5:14-16; Fil.4:6)

-Escrituras de confesión: por ejemplo, (Sal. 32; 51)

-Escrituras de alabanza: por ejemplo, (Ex. 15:2-19; 1 Cr. 16:36)

G. Desarrolle un diario de oración.

1. Establezca un formato para escribir sus peticiones. Peticiones escritas le mantendrán enfocado y lejos de distracciones, por ejemplo, nombre, petición, fecha, respuestas a la oración, fecha de respuesta, etc.

2. Haga una lista de las peticiones por categorías, por ejemplo salvación de las almas, misiones y misioneros, obreros en la obra del reino, intervención, salud, etc.

3. Ponga prioridad en oraciones de valor eterno, sin ignorar las oraciones de valor temporal.

Apéndice III

JESÚS A TRAVÉS DE LA BIBLIA

En Génesis Él es.."La Semilla de la Mujer"
En Exodo Él es.."El Cordero de la Pascua"
En Levítico Él es ...."Nuestro Sumo Sacerdote"
En Números Él es ...."La Nube Día y Fuego de Noche"
En Deuteronomio Él es...................................."El Profeta Como Moisés"
En Josué Él es..."El Capitán de Nuestra Salvación"
En Jueces Él es ...."El Juez y el Dador de la Ley"
En Rut Él es..."El Redentor Pariente"
En 1a. y 2a. de Samuel Él es ...."El Profeta de Confianza"
En Reyes y Crónicas Él es ...."Nuestro Rey que Reina"
En Esdras Él es..."Nuestro Escriba Fiel"
En Nehemías Él es ...."El Reedificador de Vidas Quebrantadas"
En Esther Él es..."Nuestro Mardoqueo"
En Job Él es.."Nuestro Redentor que Vive"
En Salmos Él es.."Nuestro Señor y Pastor"
En Proverbios y Eclesiastés Él es..................."Nuestra Sabiduría"
En Cantar de los Cantares Él es ...."Nuestro Amante"
En Isaías Él es.."El Príncipe de Paz"
En Jeremías y Lamentaciones Él es..............."Nuestro Profeta que Llora"
En Ezequiel Él es..."El Maravilloso Hombre de Cuatro Caras"
En Daniel Él es ...."El Cuarto Hombre en el Horno"
En Oseas Él es..."Nuestro Esposo Perdonador"
En Joel Él es..."El Bautizador en el Espíritu Santo"
En Amós Él es..."Aquel que Carga Nuestras Cargas"
En Abdías Él es.."Nuestro Salvador"
En Jonás Él es..."El Misericordioso Dios"
En Miquéas Él es..."El Mensajero de Pies Hermosos"
En Nahum Él es.."El Vengador"
En Habacuc Él es..."El Evangelista que Agoniza por Avivamiento"
En Sofonías Él es..."Aquel que es Gran Señor que Salva"
En Hageo Él es.."Aquel que Restaura la Herencia Perdida"
En Zacarías Él es..."La Fuente Abierta a la Casa de David"
En Malaquías Él es.."Nuestro Elías"
En Mateo Él es ...."El Mesías"
En Marcos Él es..."El Obrero de Maravillas"
En Lucas Él es ...."El Hijo de Hombre"
En Juan Él es..."El Hijo de Dios"
En Hechos Él es..."El Obrero por medio del Espíritu Santo"
En Romanos Él es ...."El Justificador"
En 1a. y 2a de Corintios Él es......................"El Santificador"
En Gálatas Él es ...."El Liberador de la Ley"
En Efesios Él es..."El Cristo de las Riquezas Indescriptibles"
En Filipenses Él es.."El Dios que Suple Nuestras Necesidades"
En Colosenses Él es ...."La Plenitud de Dios Trino"
En 1a. y 2a. de Tesalonicenses Él es..............."El Rey que Viene Pronto"
En 1a. y2a. de Timoteo Él es........................"El Mediador Entre Dios y el Hombre"
En Tito Él es ...."Nuestra Esperanza Bienaventurada"
En Filemón Él es..."El Amigo de los Oprimidos"
En Hebreos Él es..."La Sangre del Pacto Eterno"
En Santiago Él es..."El Señor que Levanta al Enfermo"
En 1a. y 2a. de Pedro Él es........................."El Príncipe de los Pastores que Viene Pronto"
En 1a. y 2a. y 3a. de Juan Él es..................."Aquel que es Amor"
En Apocalipsis Él es ...."El Rey de Reyes y Señor de Señores"

ACONSEJANDO AL NUEVO CREYENTE

Tan pronto como el nuevo creyente recibe a Cristo, debe dársele el siguiente consejo:

A. Palabras sobre la **Seguridad de la Salvación** y la **Presencia del Espíritu Santo:**
   -Pregúntele, "Si muriera hoy, ¿A dónde iría?" No obstante su respuesta asegúrele de
   la promesa del Señor.
      "El que tiene al Hijo, tiene la vida; el que no tiene al Hijo de Dios no tiene la vida." (1 Jn. 5:12)
      Explíquele: Usted ha recibido a Cristo, ya tiene la vida eterna, ya empezó.
   -Cuando recibió al Señor Jesús, usted recibió el Espíritu Santo, (Ef. 1:13)

B. Palabras sobre **la Tentación y el Pecado:**
   -Recibiendo al Señor Jesús no quiere decir que es perfecto. Pero sí lo hace un hijo de Dios.
   -Sí será tentado. No obstante, la tentación no es pecado; Jesús también fue tentado y
   no pecó. Ceder a la tentación es pecado (Mt. 4:1-11)
   -Si usted peca, el Espíritu Santo inmediatamente le redargüirá. Confiese su pecado.
   Jesús le perdonará inmediatamente y completamente.
      "Si confesamos nuestros pecados, Él es fiel y justo para perdonar nuestros
      pecados y limpiarnos de toda maldad, (1 Jn. 1:9).

C. Palabras sobre **la Biblia:**
   -Pregúntele al nuevo creyente si tiene una Biblia. Si no tiene, dele un Nuevo Testamento.
   "Es muy importante que usted empiece a leer el Evangelio de Juan…un capítulo a la vez."
   "Desead como niños recién nacidos la leche espiritual no adulterada, para que por
   ella crezcáis para salvación." (1 Ped. 2:2)

D. Palabras sobre **la Oración:**
   -Ahora el nuevo creyente es hijo de Dios, por lo tanto, ahora puede llamar a Dios, 'Padre.'
   Jesús nos enseñó a orar, "Padre nuestro…" (Mt. 6:9) y a orar, "en el nombre de Jesús." (Jn. 14:13-14)

E. Palabras sobre **Amistades** y sobre el **Bautismo:**
   -Dígale al Nuevo creyente, "Usted necesita amigos que crean lo mismo. ¿Dónde los
   va a encontrar? En la iglesia. Le invito a la iglesia."
      "No dejando de congregarnos, como algunos tienen por costumbre, sino
      exhortándonos, y tanto más, cuando veáis que aquel día se acerca." (Heb. 10:25)
   -Toda persona que recibió a Cristo, en el Nuevo Testamento, se bautizó (Mt. 28:19).
   -Dígale al nuevo creyente, "Queremos darte un estudio sobre el bautismo y luego
   fijamos una fecha para tu bautismo."
   -Asegúrese que tiene toda la información del Nuevo creyente, ejemplo, nombre,
   dirección, etc. Ore con él: Por su nueva fe, liberación de tentaciones, crecimiento en
   el Señor y su servicio a Dios.

Apéndice V

¡SOY SALVO!

La Biblia dice que Jesús vino y dio su vida por personas como yo.
  "Porque el Hijo del Hombre vino a buscar y a salvar lo que se había perdido." (Lucas 19:10)
La Biblia dice que Dios me ama tal como soy, no importa lo que haya hecho.
  "Mas Dios muestra su amor para con nosotros, en que siendo aún pecadores, Cristo murió por nosotros." (Romanos 5:8)
La Biblia dice que sin Cristo en mi vida, estoy condenado por toda la eternidad.
  "La paga del pecado es muerte, mas la dádiva de Dios es vida eterna en Cristo Jesús Señor nuestro." (Romanos 6:23)
La Biblia dice que Cristo Jesús es el único que puede salvar mi alma.
  "Y en ningún otro hay salvación; porque no hay otro nombre bajo el cielo, dado a los hombres, en que podamos ser salvos." (Hechos 4:12)
La Biblia dice que Cristo Jesús tomó mi lugar en la cruz del Calvario.
  "Mas él herido fue por nuestras rebeliones, molido por nuestros pecados; el castigo de nuestra paz fue sobre él, y por su llaga fuimos nosotros curados." (Isaías 53:5)
La Biblia dice que yo puedo ser eternamente salvo si yo creo en Cristo Jesús.
  "Que si confesares con tu boca que Jesús es el Señor, y creyeres en tu corazón que Dios le levantó de los muertos, serás salvo. Porque todo aquel que invocare el nombre del Señor, será salvo." (Romanos 10:9,13)
La Biblia dice que yo necesito arrepentirme de mis pecados y recibir a Cristo Jesús en mi corazón.
  "Arrepentíos, y bautícese cada uno de vosotros en el nombre de Jesucristo para perdón de los pecados. (Hechos 2:38)
  "Mas a todos los que le recibieron, a los que creen en su nombre, les dio "potestad de ser hijos de Dios." (Juan 1:12)

EN ESTE DÍA_____ DE _____ 20____
YO, _____, RECIBÍ A CRISTO JESÚS COMO
MI SALVADOR Y SEÑOR, LOS ÁNGELES SE REGOCIJAN. HE
NACIDO DE NUEVO. ¡SOY SALVO ETERNAMENTE!

La Biblia dice que ahora soy hijo de Dios y he recibido el Espíritu Santo.
  "En él también vosotros, habiendo oído la palabra de verdad, el evangelio de vuestra salvación, y habiendo creído en él, fuisteis sellados con el Espíritu Santo de la promesa." (Efesios 1:13)
La Biblia dice que ahora soy salvo eternamente y esta vida eterna ya empezó.
  "El que tiene al Hijo, tiene la vida; el que no tiene al Hijo de Dios no tiene la vida." (1 Juan 5:12)
La Biblia dice que Satanás ahora me va a tentar tal como tentó a Cristo Jesús.
  "Y después de haber ayunado cuarenta días y cuarenta noches…vino a (Jesús) el tentador" (Mateo 4:2-3)
La Biblia dice que aún como creyente puedo pecar, pero puedo también ser inmediatamente perdonado.
  "Si confesamos nuestros pecados, él es fiel y justo para perdonar nuestros pecados, y limpiarnos de toda maldad." (1 Juan 1:9)
La Biblia dice que así como el bebé necesita leche, así también yo necesito como un recién nacido, la leche de la Palabra de Dios. El Evangelio según San Juan sería un buen libro para empezar.
  "Desead, como niños recién nacidos, la leche espiritual no adulterada, para que por ella crezcáis para salvación." (1 Pedro 2:2)
La Biblia dice que Dios anhela tener comunión conmigo. Ésto se lleva a cabo a través de la oración.
  "Orad que no entréis en tentación. Orad sin cesar." (Lucas 22:40; 1 Tesalonicenses 5:17)
La Biblia dice que yo necesito ser bautizado y pertenecer a una iglesia que predique la Palabra de Dios.
  "Por tanto, id, y haced discípulos a todas a las naciones, bautizandolos en el nombre del Padre, y del Hijo, y del Espíritu Santo." (Mateo 28:19) *"No dejando de congregarnos…"* (Hebreos 10:25)

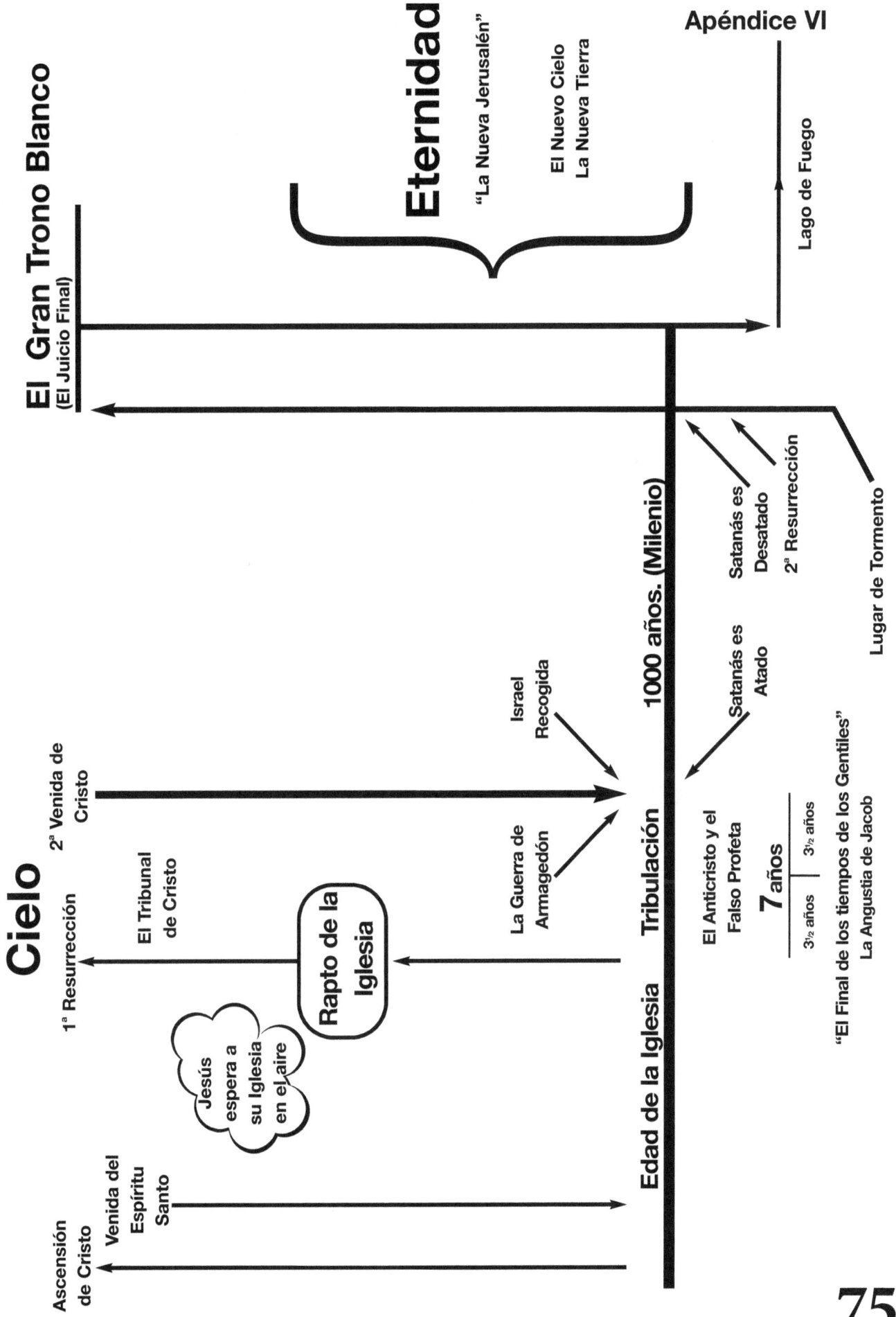

UN CRONOGRAMA DE LA DOCTRINA DE LOS ÚLTIMOS DÍAS

El Gran Trono Blanco
(El Juicio Final)

Cielo

Eternidad

"La Nueva Jerusalén"

El Nuevo Cielo
La Nueva Tierra

Lago de Fuego

Satanás es
Desatado
2ª Resurrección

Satanás es
Atado

Israel
Recogida

2ª Venida de
Cristo

1ª Resurrección

El Tribunal
de Cristo

Rapto de la
Iglesia

Jesús
espera a
su Iglesia
en el aire

La Guerra de
Armagedón

1000 años. (Milenio)

Lugar de Tormento

Tribulación

El Anticristo y el
Falso Profeta

7 años

3½ años | 3½ años

"El Final de los tiempos de los Gentiles"
La Angustia de Jacob

Edad de la Iglesia

Ascensión
de Cristo

Venida del
Espíritu
Santo

Apéndice VI

NOTAS